CONTEÚDO DIGITAL PARA ALUNOS

Cadastre-se e transforme seus estudos em uma experiência única de aprendizado:

1 Entre na página de cadastro:
https://sistemas.editoradobrasil.com.br/cadastro

2 Além dos seus dados pessoais e dos dados de sua escola, adicione ao cadastro o código do aluno, que garantirá a exclusividade do seu ingresso à plataforma.

1124788A1242440

CB015069

3 Depois, acesse:
https://leb.editoradobrasil.com.br/
e navegue pelos conteúdos digitais de sua coleção :D

Lembre-se de que esse código, pessoal e intransferível, é válido por um ano. Guarde-o com cuidado, pois é a única maneira de você acessar os conteúdos da plataforma.

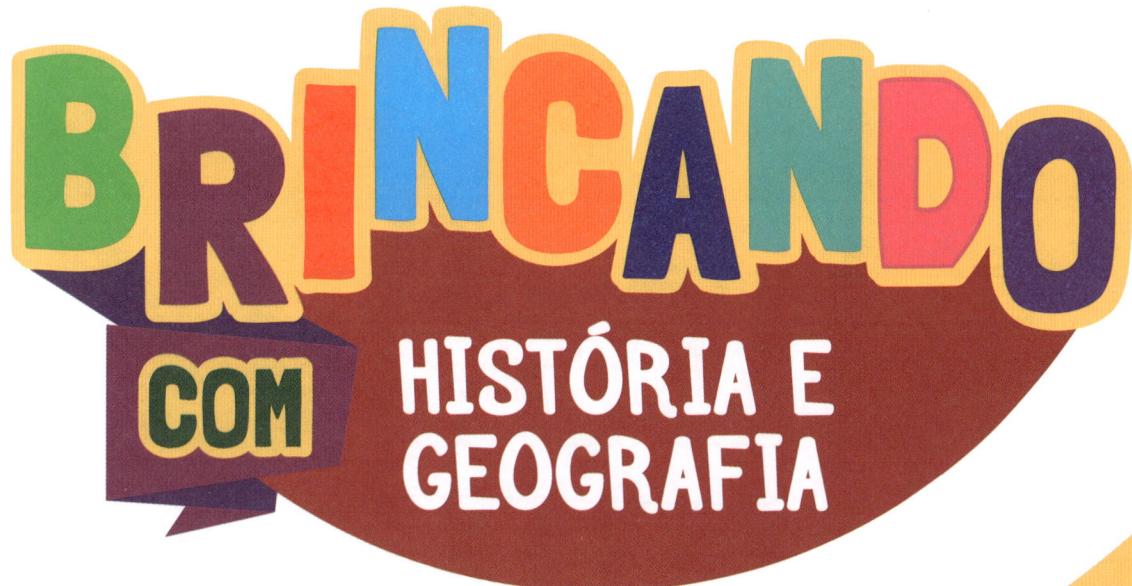

BRINCANDO COM HISTÓRIA E GEOGRAFIA

ORGANIZADORA: EDITORA DO BRASIL

4

ENSINO
FUNDAMENTAL

5ª EDIÇÃO
SÃO PAULO, 2020

Editora do Brasil

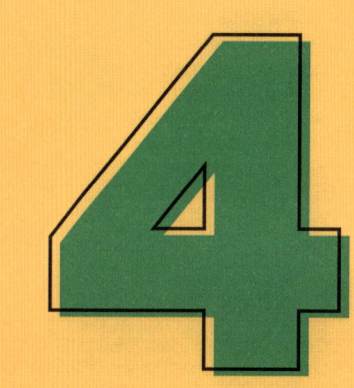

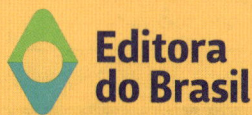

Dados Internacionais de Catalogação na Publicação (CIP)
(Câmara Brasileira do Livro, SP, Brasil)

Brincando com história e geografia 4 : ensino fundamental / organização Editora do Brasil. -- 5. ed. -- São Paulo : Editora do Brasil, 2020. -- (Brincando com)

ISBN 978-65-5817-240-6 (aluno)
ISBN 978-65-5817-241-3 (professor)

1. Geografia (Ensino fundamental) 2. História (Ensino fundamental) I. Série.

20-40316 CDD-372.89

Índices para catálogo sistemático:

1. História e geografia : Ensino fundamental 372.89

Cibele Maria Dias - Bibliotecária - CRB-8/9427

© Editora do Brasil S.A., 2020
Todos os direitos reservados

Direção-geral: Vicente Tortamano Avanso

Direção editorial: Felipe Ramos Poletti
Gerência editorial: Erika Caldin
Supervisão de arte: Andrea Melo
Supervisão de editoração: Abdonildo José de Lima Santos
Supervisão de revisão: Dora Helena Feres
Supervisão de iconografia: Léo Burgos
Supervisão de digital: Ethel Shuña Queiroz
Supervisão de controle de processos editoriais: Roseli Said
Supervisão de direitos autorais: Marilisa Bertolone Mendes

Supervisão editorial: Júlio Fonseca
Edição: Andressa Pontinha, Guilherme Fioravante e Nathalia C. Folli Simões
Assistência editorial: Manoel Leal de Oliveira
Auxílio editorial: Douglas Bandeira
Especialista em copidesque e revisão: Elaine Cristina da Silva
Copidesque: Giselia Costa, Ricardo Liberal e Sylmara Beletti
Revisão: Amanda Cabral, Andréia Andrade, Fernanda Almeida, Fernanda Sanchez, Flávia Gonçalves, Gabriel Ornelas, Jonathan Busato, Mariana Paixão, Martin Gonçalves e Rosani Andreani
Pesquisa iconográfica: Daniel Andrade e Enio Lopes
Assistência de arte: Daniel Campos Souza
Design gráfico: Cris Viana
Capa: Megalo Design
Edição de arte: Samira de Souza
Imagem de capa: Nicolas Viotto
Ilustrações: Alessandro Almeida, Alessandro Passos da Costa, Alex Argonzino, Alexandra Dubiela, Brambilla, Bruna Assis, Caio Boracini, Claudio Chiyo, Conexão, Cristiane Viana, Dam Ferreira, Danillo Souza, Douglas Ferreira, Hare Krishna_Shutterstock, Hugo Araújo, Ilustra Cartoon, Jefferson Galdino, João P. Mazzoco, Lorena Kaz, Marcel Borges, Marcos Machado, Milton Rodrigues, Osni e Cotrin, Paula Haydee Radi, Paulo José, Reinaldo Rosa, Ricardo Ventura, Rogério Rios, Rogério Soud, Selma Caparroz, Simone Matias, Sonia Vaz, Studio Caparroz e Tarcísio Garbellini
Produção cartográfica: DAE (Departamento de Arte e Editoração)
Editoração eletrônica: N Public/Formato Editoração
Licenciamentos de textos: Cinthya Utiyama, Jennifer Xavier, Paula Harue Tozaki e Renata Garbellini
Controle de processos editoriais: Bruna Alves, Carlos Nunes, Rita Poliane, Terezinha de Fátima Oliveira e Valéria Alves

5ª edição / 5ª impressão, 2024
Impresso no parque gráfico da PifferPrint

Editora do Brasil
Avenida das Nações Unidas, 12901
Torre Oeste, 20º andar
São Paulo, SP – CEP: 04578-910
Fone: +55 11 3226-0211
www.editoradobrasil.com.br

APRESENTAÇÃO

Querido aluno,

Este livro foi escrito especialmente para você, pensando em seu aprendizado e nas muitas conquistas que virão em seu futuro!

Ele será um grande apoio na busca do conhecimento. Utilize-o para aprender cada vez mais na companhia de professores, colegas e de outras pessoas de sua convivência.

Ao estudar História e Geografia, você vai descobrir como nós, seres humanos, convivemos e como modificamos o espaço ao longo do tempo até chegar à atual forma de organização. Você vai aprender a ler o mundo!

Com carinho,
Editora do Brasil

DISCIPLINAS

HISTÓRIA 5

GEOGRAFIA 129

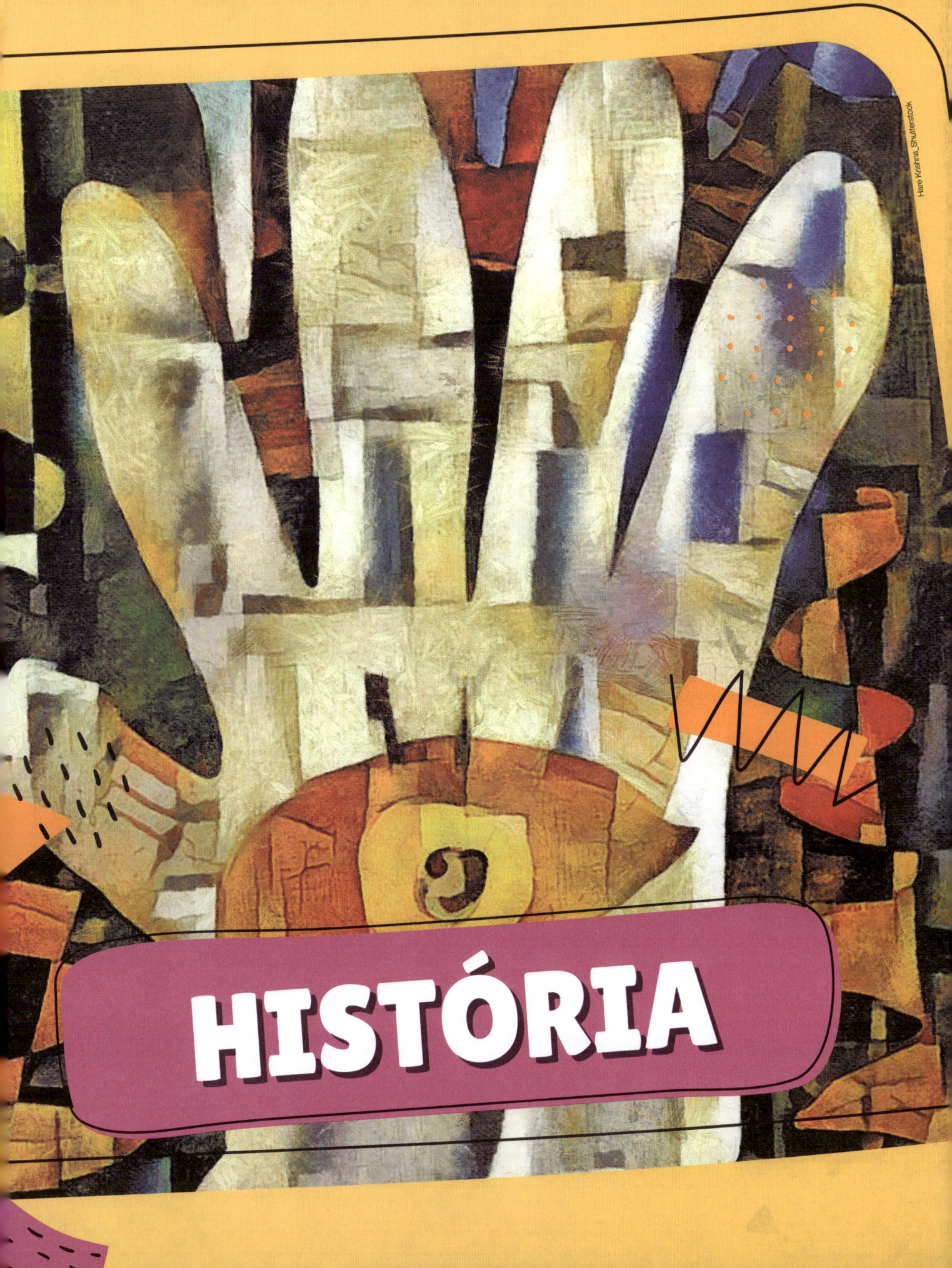
HISTÓRIA

SUMÁRIO

VAMOS BRINCAR 7

Unidade 1 – A formação das comunidades 12
As primeiras comunidades 14
A formação dos povoados........................... 16
Os povoados no Brasil................................. 20

Unidade 2 – O tempo e a História 23
O tempo cronológico 25
O tempo histórico 28
Pequeno cidadão – O tempo circular.... 30

Unidade 3 – Os vestígios do passado 31
O trabalho do historiador 32
As fontes históricas 33
A Arqueologia... 37
Pequeno cidadão – Os quilombos e a Arqueologia 39

Unidade 4 – Estrangeiros na colônia 42
O Tratado de Tordesilhas 43
Os franceses na América do Sul 44
Os holandeses no Brasil............................. 47
Pequeno cidadão – Diversidade étnica na formação do povo brasileiro.... 54

Unidade 5 – A Independência do Brasil 55
A Declaração de Independência do Brasil 56
Pequeno cidadão – A participação das mulheres na vida pública 64

Unidade 6 – O Primeiro Reinado 65
A Constituição de 1824............................. 66
Revoltas contra o Império......................... 69
O fim do Primeiro Reinado....................... 72
Pequeno cidadão – As constituições e a participação política........................ 74

Unidade 7 – O Período Regencial 75
As regências.. 76
Um período agitado.................................... 78
Pequeno cidadão – A liberdade religiosa.. 84
O fim do Período Regencial...................... 86

Unidade 8 – O Segundo Reinado 89
Transformações no Brasil (1821-1890) 90
A economia cafeeira................................... 91
A Guerra do Paraguai................................. 92
A questão da escravidão 95
A imigração no século 19........................... 100
Pequeno cidadão – A integração dos negros na sociedade brasileira................ 103

BRINQUE MAIS 105

DATAS COMEMORATIVAS 115
Dia Internacional da Mulher...................... 115
Abolição da Escravatura 118
Independência do Brasil 121
Dia da Consciência Negra 123

ENCARTES 125

VAMOS BRINCAR

1 Pinte os objetos que são utilizados para medir o tempo cronológico.

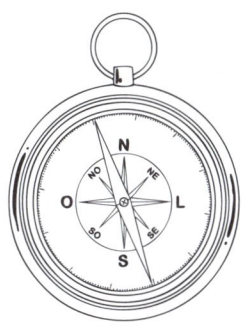

Ilustrações: João P. Mazzoco

2 Ligue o ano ao século a que ele pertence.

a) 1822

b) 1500

c) 2019

d) 1630

e) 1755

f) 1532

g) 2000

h) 1889

i) 1988

Século 15

Século 16

Século 17

Século 18

Século 19

Século 20

Século 21

3 Circule no diagrama abaixo as palavras relacionadas ao modo de vida dos primeiros grupos humanos. Em seguida, complete o texto com as palavras localizadas e responda a questão.

J	K	A	V	D	O	I	N	E	P	L	K	B	E	E	A
O	U	R	V	X	P	W	N	X	M	Y	R	F	O	U	N
G	D	U	B	U	E	F	F	I	N	W	A	V	U	G	I
F	R	U	T	O	S	Y	E	W	B	I	Í	Z	G	U	M
I	W	S	E	O	C	X	C	E	N	Z	Z	B	C	J	A
X	V	A	N	U	A	B	P	L	K	J	E	E	C	H	I
T	E	N	E	W	D	E	T	R	N	E	S	W	A	A	S
M	E	I	Z	D	C	C	I	G	I	D	G	D	G	R	B
G	E	M	S	D	M	O	R	A	D	I	A	L	I	T	A
A	X	A	L	J	Í	G	U	N	H	O	F	C	J	Z	E
W	K	I	P	E	S	C	A	K	L	Ç	O	B	E	Z	K
V	X	S	C	G	O	F	S	D	R	W	E	C	C	B	R
Q	Q	P	O	H	N	S	N	W	X	Y	O	U	A	E	O
S	U	E	O	S	Z	T	K	S	W	X	Z	Q	Ç	Y	L
C	A	V	E	R	N	A	J	D	C	Y	O	Z	A	S	Z
K	E	F	Z	E	U	U	P	E	X	A	U	P	P	A	Q

- Para os primeiros grupos humanos, uma _____ serviria bem como _____. Muitas vezes, eles disputavam abrigo com outros povos ou _____.

- A alimentação desses grupos era baseada na _____, _____ e colheita de _____ e _____ comestíveis.

Dos alimentos mencionados, quais deles você consome?

_____
_____
_____

4 Numere as imagens de acordo com a ordem dos acontecimentos.

5 A ilustração ao lado representa uma aldeia indígena do passado. Observe-a e identifique as atividades herdadas da cultura indígena que você pratica hoje em dia.

_____
_____
_____
_____
_____
_____

6 Observe a pintura, leia a legenda e faça o que se pede.

Oscar Pereira da Silva. *Desembarque de Pedro Álvares Cabral em Porto Seguro em 1500*, 1922. Óleo sobre tela, 3,33 m × 1,90 m.

a) A pintura representa qual acontecimento histórico?

_____

_____

b) Em que ano foi esse acontecimento?

_____

c) Marque com **X** os itens que indicam os grupos de pessoas representados na pintura.

☐ navegadores portugueses   ☐ africanos

☐ navegadores espanhóis   ☐ indígenas

d) Em que ano foi feita a pintura?

_____

e) A pintura foi feita na mesma época do acontecimento que representa?

_____

7 Observe atentamente as imagens e relacione cada uma delas com a afirmação correspondente.

1

Nicolau Jan Vishcer. *Engenho de açúcar*, c. 1630. Gravura colorida.

2

John Mawe, T. Webster e T. Woolnoth. *Negros lavando diamantes*, 1821. Gravura colorida.

3

Joaquim Candido Guillobel. *Fiel retrato de uma casa brasileira*, 1812-1816. Aquarela, 14 cm × 11,5 cm.

4

Uma dama passeando, c. 1816. Gravura presente no livro *Viagens ao Nordeste do Brasil*, de Henry Koster.

☐ Muitas mulheres escravizadas realizavam trabalhos domésticos.

☐ Os escravizados de origem africana trabalhavam principalmente nos engenhos de açúcar.

☐ Nas cidades era comum encontrar homens escravizados que trabalhavam transportando pessoas.

☐ Nos locais onde havia mineração, os escravizados trabalhavam na extração de ouro e diamantes.

UNIDADE 1

A FORMAÇÃO DAS COMUNIDADES

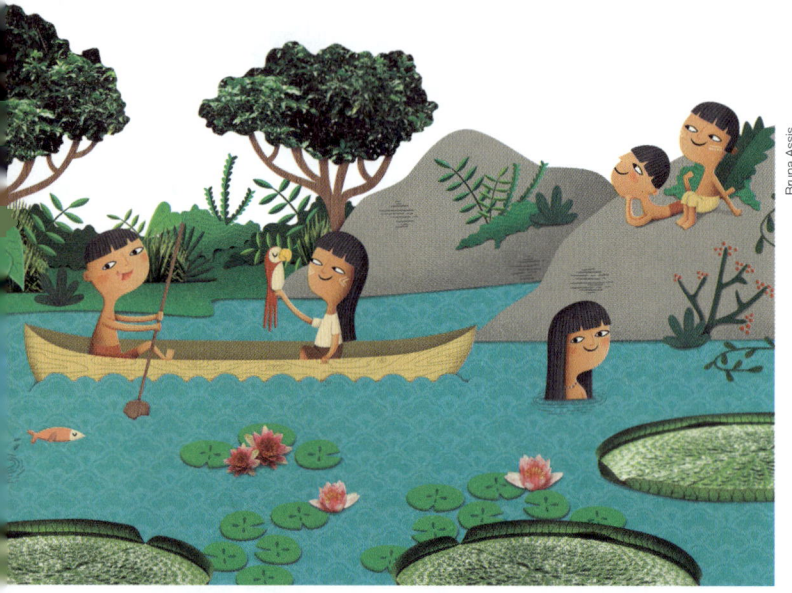

Viver em comunidade nos possibilita aprender uns com os outros e descobrir diferentes formas de conviver no mundo.

As comunidades são formadas por pessoas que compartilham dos mesmos interesses e modos de vida. Existem diferentes tipos de comunidade: formadas pelas pessoas da mesma família, que moram no mesmo bairro, que têm a mesma religião, que estudam na mesma escola, ou até mesmo que torcem para o mesmo time de futebol, entre outras.

Bruna Assis

Bruno Rocha/Fotoarena

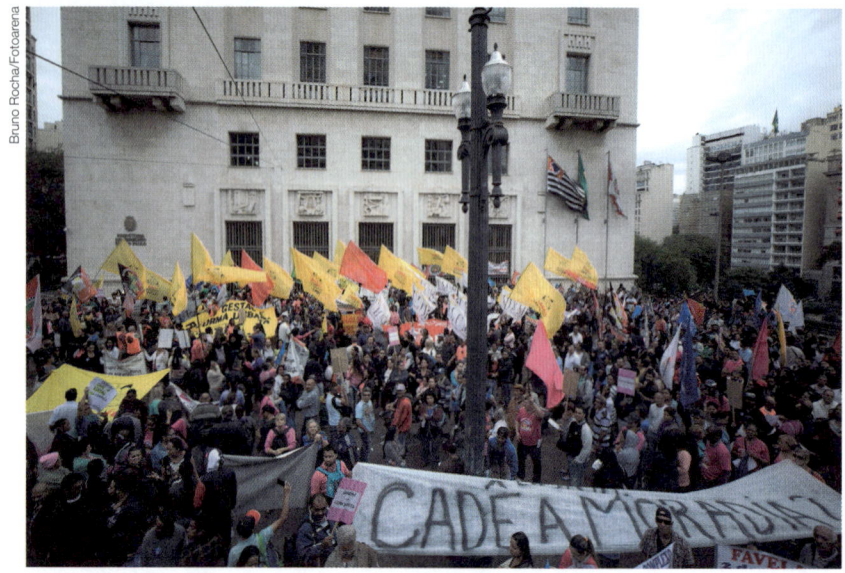

Movimento popular pedindo por melhores condições de moradia na cidade de São Paulo. São Paulo, 2017. Comunidades podem ser formadas das mais variadas maneiras. Podem ser compostas de pessoas com os mesmos ancestrais (como os indígenas) ou por pessoas com os mesmos interesses (como estes jovens que se uniram para defender certos direitos).

ATIVIDADES

1 Observe a imagem e, a seguir, responda às questões.

a) Em sua opinião, o impacto que essas pessoas causavam cotidianamente na natureza era grande ou pequeno?

 Grande.

 Pequeno.

b) Se essa comunidade fosse maior, você acha que ela afetaria a natureza com maior ou menor intensidade? Explique sua resposta.

_____
_____
_____

2 A imagem ao lado mostra um projeto de construção de prédios feito por uma cooperativa habitacional. Observe-a e faça o que se pede.

Prédios construídos em sistema de cooperativa. Bairro do Limão, São Paulo, São Paulo.

a) Pesquise em um dicionário o significado de **cooperativa**.

_____
_____
_____

b) É possível dizer que uma cooperativa é um tipo de comunidade? Por quê?

_____
_____
_____

As primeiras comunidades

Os primeiros seres humanos não viviam em cidades nem construíam casas para morar. Em busca de alimentos e proteção, eles constantemente procuravam novos locais para caçar, pescar, dormir e colher frutos.

Quando encontravam alimento e abrigo, ficavam algum tempo no mesmo lugar e, na falta de alimentos, partiam em novas buscas.

As primeiras comunidades surgiram quando essas pessoas perceberam que poderiam ajudar umas às outras se formassem grupos. Permanecendo juntas, elas poderiam proteger-se e ter mais chance de conseguir alimentos.

ATIVIDADES

1 É possível dizer que esse grupo de pessoas formava uma comunidade?

☐ Sim.　　　　　　　　☐ Não.

- Quais eram as vantagens de viver em grupo?

_____
_____
_____

2 Pesquise em um dicionário os significados do termo **pré-histórico**. Escolha o que melhor pode ser usado para descrever as pessoas mostradas na imagem desta página e anote-o a seguir.

_____
_____
_____

SAIBA MAIS

Pinturas rupestres no Parque Nacional da Serra da Capivara, em São Raimundo Nonato, Piauí.

Pintura rupestre

Os primeiros grupos humanos deixaram vários vestígios que possibilitaram aos estudiosos descobrir como eles viviam. A pintura rupestre é um deles.

Pintura rupestre é o nome da mais antiga representação artística feita pelos seres humanos. São figuras em paredes e tetos de cavernas que mostram cenas diversas, como caça de animais e dança.

Esse tipo de desenho existe em vários países. No Brasil, os principais locais para encontrarmos pinturas rupestres são o Parque Nacional da Serra da Capivara, no Piauí, e o Parque Nacional do Catimbau, em Pernambuco.

ATIVIDADES

1 Circule a imagem que representa melhor o modo de vida dos primeiros grupos humanos.

2 Conte aos seus colegas que critério você usou para escolher a imagem.

A formação dos povoados

Os seres humanos viveram por muito tempo mudando de um lugar para o outro, mas uma descoberta mudou a história da humanidade: eles aprenderam a cultivar os próprios alimentos, plantando e colhendo vegetais em regiões próximas a rios e lagos.

Com o cultivo dos alimentos, esses grupos perceberam que podiam permanecer em um mesmo local por muito mais tempo, e assim passaram a construir as primeiras moradias.

As moradias costumavam ser construídas próximo a rios ou lagos, para que as pessoas pudessem acompanhar de perto o desenvolvimento das plantações.

Com as moradias fixas, esses grupos também começaram a criar animais, dos quais podiam extrair leite, carne e couro. Assim, formaram os primeiros povoados.

ATIVIDADES

1) Observe a imagem que ilustra esta página e responda às questões.

   a) Quais atividades você consegue identificar?
   _____
   _____

   b) Onde as pessoas desse grupo moram?
   _____

   c) Compare-a com as imagens dos primeiros grupos humanos. A quantidade de pessoas mudou entre elas? Explique.
   _____

   d) O que causou a mudança entre os primeiros grupos humanos e o grupo mostrado na imagem?
   _____

Os trabalhos manuais

Além de construir moradias, os habitantes dos primeiros povoados também inventaram ferramentas para auxiliar no corte das carnes e no cultivo de vegetais, e criaram utensílios que auxiliavam no armazenamento de alimentos e outros itens. Assim, surgiram as primeiras cerâmicas.

A partir do Neolítico, o ser humano deixou a vida nômade e se tornou sedentário. Começou a cultivar a terra e a domesticar animais.

Pilão
Os grãos eram moídos com o auxílio de uma rocha plana e outra arredondada.

Agricultura
Com o tempo, os grupos humanos perderam a dependência da disponibilidade de recursos naturais, já que tornou possível plantar e colher mais do que era consumido.

Moradia
Era preferencialmente construída perto dos campos férteis, seguindo os cursos de água. Utilizava-se madeira, palha, bambus e outras fibras.

Domesticação de animais
Gado, porcos, ovelhas, cabras e cavalos eram os principais animais domesticados.

Tecidos
Sua produção beneficiou-se da disponibilidade de matéria-prima, obtida das ovelhas domesticadas e plantas cultivadas.

Pedra polida
Seu uso possibilitou melhorar a qualidade dos utensílios. Era feita esfregando-se a pedra em areia úmida ou em pedras mais resistentes.

ferramentas
Foices 
Eram usadas na colheita.

cerâmicas 
Machados
Eram usados para limpar o terreno.

fabricação de uma vasilha 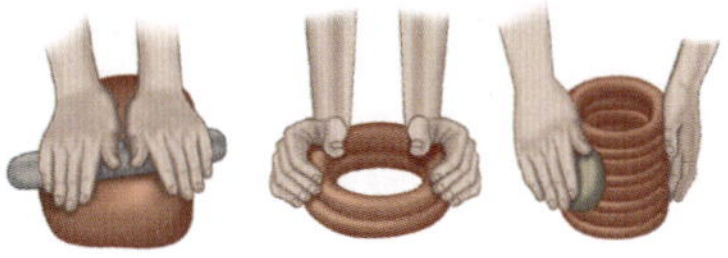
Em geral, era feita de argila.

Objetos de cerâmica usados há cerca de 6 mil anos. Recipientes como esses podiam ser usados para armazenar água, preparar alimentos e guardar ferramentas.

ATIVIDADES

1 Procure no dicionário a palavra **sedentário** e, em seu caderno, escreva o significado dela.

2 Os moradores dos primeiros povoados eram sedentários?
☐ Sim.   ☐ Não.

3 Você e sua família são sedentários? Justifique.

As trocas de produtos

Os antigos povoados eram diferentes entre si. As construções, os alimentos cultivados e as características das pessoas podiam variar bastante de um lugar para outro. Por isso, era comum que determinados alimentos crescessem em grandes quantidades em um lugar e fossem **escassos** em outro.

Quando havia grande quantidade de um alimento em determinada região, as sobras costumavam ser trocadas por produtos de lugares diferentes.

Surgiu, então, a primeira forma de comércio, em que um grupo trocava seus alimentos por outros, vindos de grupos vizinhos. As trocas também podiam envolver ferramentas, como facas e machados, e utensílios, como cestos e vasos. Esse tipo de troca, sem o uso de moeda, é chamado de escambo.

GLOSSÁRIO

Escasso: em pequena quantidade.

ATIVIDADES

1 Explique o que é escambo.

_____

2 Nos primeiros povoados não existia dinheiro, por isso as pessoas praticavam o escambo. Como você imagina que seria o mundo sem dinheiro?

_____

_____

BRINCANDO

1 Encontre no diagrama os termos que têm relação com o modo de vida dos primeiros grupos humanos.

E	U	S	I	D	O	I	P	E	N	M	C
E	S	C	A	M	B	O	Õ	E	S	O	E
P	Q	T	R	P	X	C	Ã	J	L	N	R
C	O	M	U	N	I	D	A	D	E	I	Â
O	I	P	O	S	A	I	P	A	C	C	M
R	N	E	U	E	B	U	O	D	O	L	I
A	D	I	C	D	H	I	V	I	O	E	C
Ç	Í	D	H	E	E	F	O	R	P	U	A
Ã	G	F	N	N	B	Ç	A	Z	E	B	Ã
O	E	A	C	T	I	E	D	P	R	H	P
D	N	U	T	A	O	L	O	Q	A	E	I
E	A	R	N	R	U	I	I	Ã	Ç		N
N	S	B	Ã	I	Q	T	D	Õ	Ã	U	T
R	O	Ç	A	S	A	U	O	E	O	R	U
V	C	F	U	M	Õ	O	T	R	P	L	R
O	L	E	T	O	O	U	C	O	S	U	A

Os povoados no Brasil

Assim como os primeiros grupos de seres humanos ao redor do mundo, muitas pessoas que habitavam as terras que hoje são o Brasil também viviam como nômades, explorando novos locais em busca de alimentos por meio da caça, da pesca e da coleta de vegetais. Já outros grupos permaneciam em territórios próximo a rios plantando e colhendo seus alimentos. Eles formaram, assim, as primeiras aldeias indígenas.

Nessas terras, diversos povos organizavam suas aldeias com base na divisão do trabalho entre homens, mulheres e crianças. Entre os guaranis, por exemplo, cabia ao homem cuidar da caça e da pesca, e à mulher cultivar a terra e preparar os alimentos.

Com relação às crianças, até os 12 anos, as meninas cuidavam dos irmãos menores e aprendiam a confeccionar utensílios, e os meninos cuidavam da roça e aprendiam a caçar.

Objetos históricos da etnia indígena Guarani. Museu Paranaense, Curitiba, Paraná.

Os primeiros povos indígenas brasileiros construíam suas moradias com elementos retirados diretamente da natureza, como folhas de palmeira e troncos.

Habitação do povo indígena Yawalapiti. Construção feita de palha e troncos.

A maioria dos indígenas vivia em moradias feitas de palha. Os membros do grupo tupi chamavam essas moradias de ocas. Uma aldeia podia ser formada por uma grande oca ou por várias delas. Algumas dessas moradias chegavam a abrigar até 50 pessoas, que costumavam dormir em redes.

Ainda hoje, há casas semelhantes às construídas pelos indígenas mais antigos.

Indígenas da etnia Guarani. Sorocaba de Dentro, Biguaçu, Santa Catarina.

 BRINCANDO

1 A turma será dividida em três grupos, cada um representando uma comunidade humana da época estudada nesta unidade. Siga as orientações.

1. Recorte as fichas que estão no anexo do seu livro.
2. Junte-se com seus colegas para formar a comunidade de vocês.
3. Peguem todas as fichas.
4. Cada rodada vai representar um dia na vida da comunidade.
5. Ao final de cada rodada, vocês vão escolher um alimento para cada integrante do grupo e descartá-los. É como se eles tivessem sido consumidos naquele dia.
6. Depois de algumas rodadas, vocês começarão a ficar sem um ou mais alimentos. É hora de procurar os outros grupos para realizar trocas com eles. Vocês podem trocar, por exemplo: dois peixes por um pedaço de carne; dez sementes por um peixe; um machado por um cesto; três frutas por uma lança etc.
7. Vence o grupo que tiver juntado mais objetos e alimentos ao final do jogo.

Ilustrações: Reinaldo Rosa

UNIDADE 2

O TEMPO E A HISTÓRIA

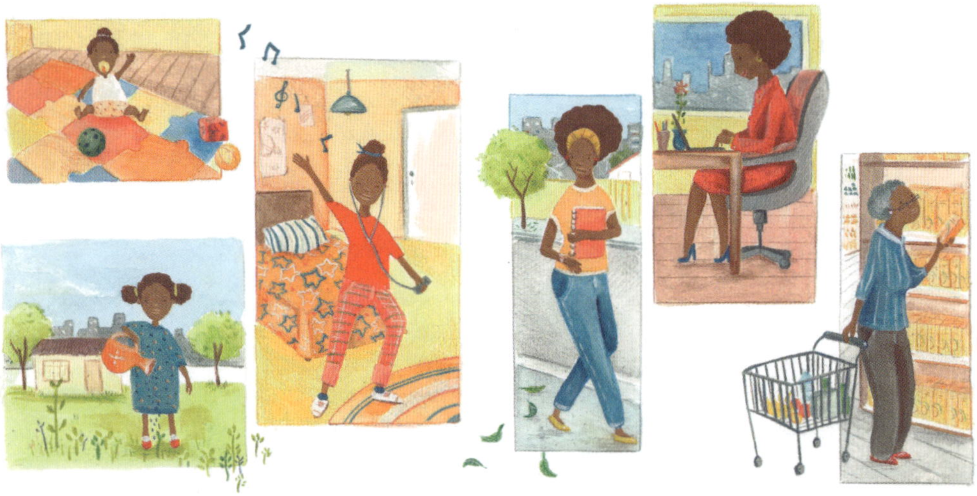

Simone Matias

Você já reparou que em algumas atividades sentimos que o tempo passa rápido, mas em outras temos a sensação de que ele passa devagar?

Uma das razões para isso é que algumas coisas acontecem em um período que não corresponde exatamente ao que o relógio marca. A sensação de passagem do tempo depende de nossas emoções nas diferentes situações.

Jose Breton/NurPhoto/AFP

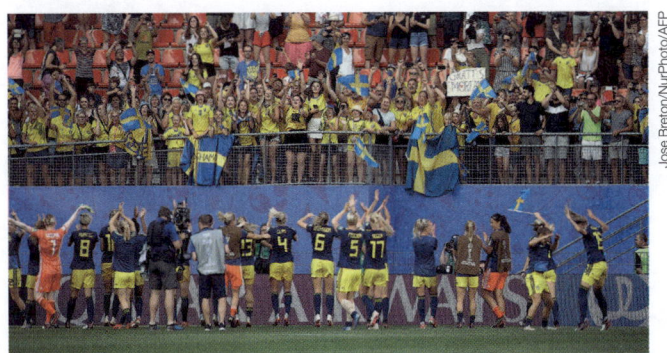

Final de uma partida de futebol feminino.

Edmar Barros/Futura Press

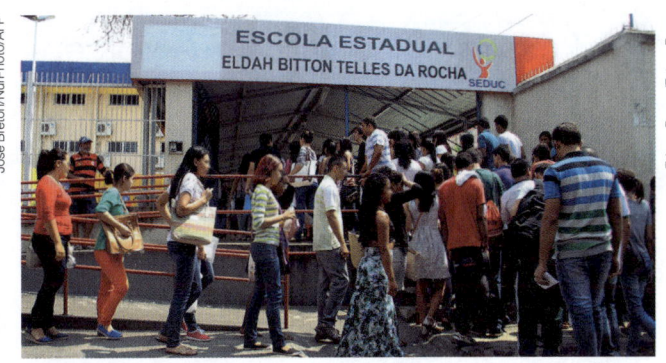

Pessoas aguardam a abertura dos portões para realização de prova.

Em qual dessas atividades você acha que o tempo passa mais rápido? E mais devagar?

ATIVIDADES

1 Observe as imagens a seguir e responda às questões.

a) Nessas situações, o tempo parece passar:

☐ rápido. ☐ devagar.

b) O que essas pessoas poderiam fazer para ter outra sensação da passagem do tempo?

_____
_____
_____

2 Em sua opinião, qual é a percepção do personagem sobre a passagem do tempo? Explique sua resposta.

_____
_____
_____
_____

O tempo cronológico

Paisagem de verão na Ucrânia.

Os seres humanos mais antigos já sentiam a passagem do tempo. Foi assim que eles perceberam a existência de alguns **ciclos**, como a passagem dos dias e das noites.

O dia corresponde ao período iluminado pelo Sol, e a noite ao período em que não vemos o Sol. Ao fim de cada noite começa um novo dia.

Foi também observando a natureza que as pessoas começaram a perceber a existência de ciclos mais longos. Elas notaram que a cada sete noites a aparência da Lua mudava. Assim, o período de sete dias e sete noites completo passou a ser chamado de **semana**.

GLOSSÁRIO

Ciclo: intervalo de tempo em que uma série de coisas acontecem e são finalizadas. Quando elas recomeçam, tem início um novo ciclo.

Depois, observaram que o ciclo de mudanças da Lua ocorria em um período de aproximadamente 30 dias. Esse intervalo de tempo passou a ser chamado de **mês** e pode ser contado por meio do calendário.

As pessoas também perceberam que em determinados meses a temperatura era mais quente ou mais fria. Além disso, em épocas específicas havia maior ou menor quantidade de chuvas e de alimentos disponíveis.

Então, observaram que esse ciclo se reiniciava a cada 12 meses e resolveram chamá-lo de **ano**.

ATIVIDADES

1) Observe as diferentes fases do desenvolvimento de uma sociedade e faça o que se pede.

a) Identifique os elementos que permaneceram ao longo do tempo.

_____
_____
_____

b) Essa região manteve a função que tinha na primeira imagem? Explique.

_____
_____

A contagem dos séculos

O século é uma das medidas mais usadas no estudo da História. Vamos descobrir como são contados os séculos?

O ano 1 representa o ano do nascimento de Cristo, que marca o início do calendário que usamos. Portanto, após 100 anos dessa data, completou-se o século 1, que termina no ano 100.

O primeiro ano de qualquer século termina com o algarismo 1 e o último com 0. Veja a seguir o início e o término de alguns séculos:

- o século 1 começou no ano 1 e terminou no ano 100;
- o século 20 começou no ano 1901 e terminou no ano 2000;
- o século 21 começou em 2001 e terminará em 2100.

ATIVIDADES

1 Em sua opinião, qual é a melhor maneira de marcar as mudanças da sociedade ao longo do tempo?

☐ Relógio. ☐ Calendário.

☐ Mapa. ☐ Ampulheta.

2 A que séculos pertencem os anos a seguir?

a) 2018: século 21

b) 567: _____

c) 2000: _____

d) 1800: _____

e) 1889: _____

f) 399: _____

g) 1500: _____

h) 2020: _____

i) 2100: _____

O tempo histórico

Quando estudamos a História, percebemos que muitas coisas levam períodos de tempo diferentes para acontecer. Essas diferenças muitas vezes não são medidas pelo tempo cronológico, e sim pelo que chamamos de **tempo histórico**. O tempo histórico pode ser dividido em períodos de curta, média e longa duração.

Curta duração

Os eventos de curta duração são aqueles que chegam rápido ao nosso conhecimento, ou seja, que percebemos de imediato; por exemplo, uma partida de futebol, uma aula de História ou uma brincadeira com os amigos no recreio.

Hora do recreio.

Média duração

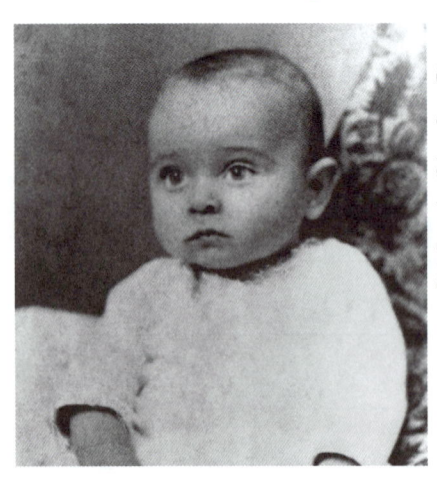

Algumas mudanças na História ocorrem em um período mais longo e seguem um ritmo de média duração. Esses acontecimentos não são percebidos de imediato, mas podem ser identificados depois de certo tempo; por exemplo, as transformações em seu corpo desde o nascimento até hoje seguem uma duração média. Você cresceu bastante nesse período, não é mesmo?

Longa duração

Outras transformações levam um tempo bem maior que a duração média. As transformações que exigem dezenas de anos ou mais para acontecer são consideradas de longa duração. Elas ocorrem em um período tão extenso que só podem ser observadas por meio do estudo da História.

Mercado Modelo e Elevador Lacerda. Salvador, Bahia, 1960.

Mercado Modelo e Elevador Lacerda. Salvador, Bahia, 2017.

O tempo histórico é o tempo que separa diferentes momentos do passado até o presente. Ele não pode ser medido apenas com base em relógios e calendários; é percebido pelas transformações ocorridas na sociedade.

1 Como o tempo cronológico é medido?
_____
_____

2 Como os eventos de longa duração são percebidos?
_____
_____

PEQUENO CIDADÃO

O tempo circular

O modo de perceber o tempo pode variar entre os diversos povos. O tempo cronológico que estudamos, por exemplo, é contado de forma linear, ou seja, como se fosse uma grande linha em que há passado, presente e futuro.

Conceito de tempo circular

Mas essa não é a única maneira de compreender o tempo. Algumas sociedades o calculam de outra forma, pois entendem que as coisas que já aconteceram podem voltar a acontecer, assim como ocorre nos ciclos da natureza. Por isso, as pessoas dessas sociedades consideram que não há como dividir o tempo em passado, presente e futuro.

O tempo circular está presente, por exemplo, em muitas religiões brasileiras. Essa ideia chegou a nosso país por meio de povos africanos, séculos atrás.

ATIVIDADES

1 Em relação aos povos que vivem de acordo com a ideia de tempo circular, como explicar que as pessoas envelhecem e os animais e as plantas crescem e morrem?

_____
_____
_____

UNIDADE 3

OS VESTÍGIOS DO PASSADO

A História investiga os acontecimentos do passado e as ações da humanidade ao longo do tempo.

Rogerio Soud

Todos nós, crianças e adultos, fazemos parte da história de nossa comunidade e de nosso país. Para conhecer o passado e saber como viveram nossos antepassados, precisamos procurar os **vestígios** deixados por eles.

Esses vestígios estão em fotografias, construções, livros, documentos pessoais, roupas etc. Dessa forma, podemos descobrir diversas informações sobre as pessoas que viveram no passado.

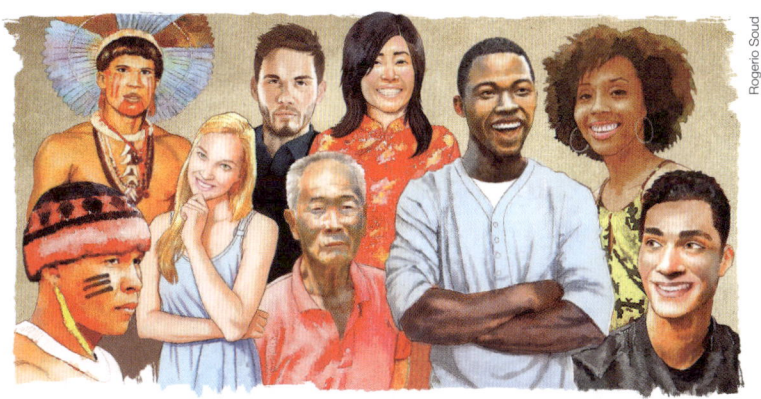

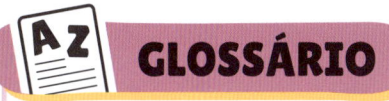

GLOSSÁRIO

Vestígio: algo que indica a existência de uma pessoa.

Alexandre Macieira/Tyba

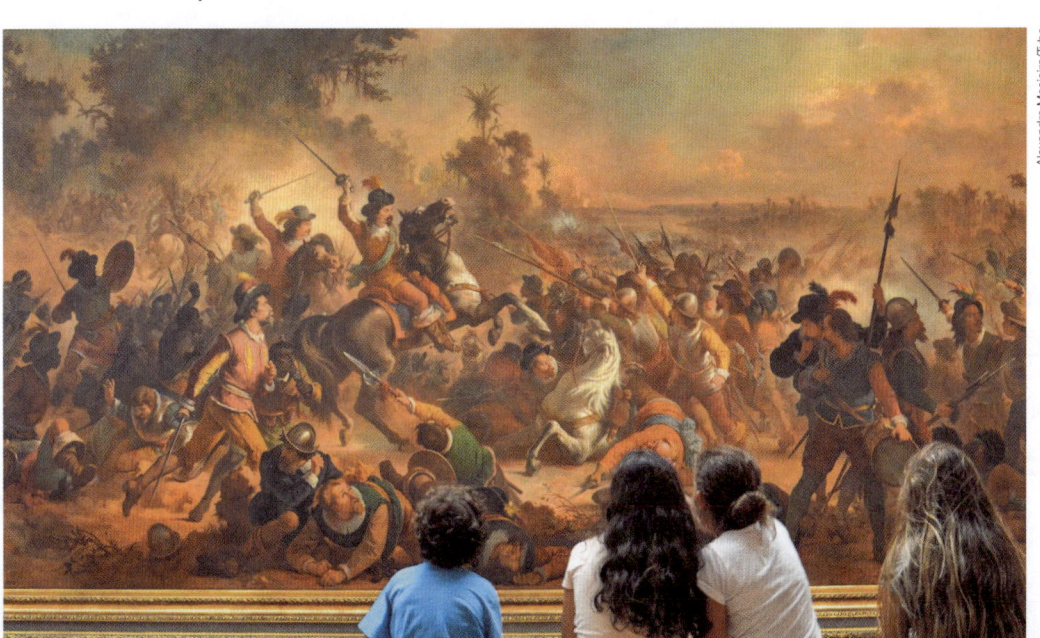

Crianças observam o quadro de Victor Meirelles. *Batalha dos Guararapes*, 1875. Óleo sobre tela, 5 m × 9,25 m

O trabalho do historiador

O profissional que estuda as ações humanas ao longo do tempo é chamado de historiador. Ele investiga os acontecimentos do passado por meio de vestígios deixados pelas pessoas, como jornais, revistas, fotografias, pinturas e gravações. Esses vestígios são chamados de fontes históricas.

Como o historiador estuda o passado?

Entrevistando pessoas.

Lendo jornais antigos.

Analisando documentos de acervos.

Lendo o que outros historiadores escreveram.

ATIVIDADES

1 O que é História?

_____
_____

2 De que forma podemos descobrir como era a vida das pessoas antigamente?

_____
_____

3 Escreva o nome de uma fonte histórica.

_____

As fontes históricas

Tudo o que foi produzido pelas pessoas pode ser usado para investigar o passado. Assim, praticamente tudo o que o ser humano cria pode ser considerado uma fonte histórica.

As fontes históricas podem ser classificadas de diversas formas. Vamos conhecer algumas delas?

Fontes escritas

Documentos como a Certidão de Nascimento e a Carteira de Vacinação são exemplos de fontes escritas, assim como agendas, cadernos, cartas, diários, bilhetes, jornais, livros e revistas.

Fontes materiais

São objetos. Em muitos casos, as fontes materiais são o único recurso dos pesquisadores para investigar povos e civilizações que não deixaram documentos escritos sobre sua história. São exemplos de fontes materiais: esculturas, móveis, construções, monumentos, roupas, brinquedos, ferramentas.

Esse jornal, publicado em Brasília em 22 de agosto de 2016, é uma fonte escrita que nos possibilita saber como foi o encerramento dos Jogos Olímpicos de Verão, que ocorreu no dia anterior, na cidade do Rio de Janeiro.

Akangantar (adorno usado na cabeça) do grupo indígena Kaapor, uma comunidade que surgiu há cerca de 300 anos e vive na Amazônia.

Fontes visuais

São as imagens. Por meio delas é possível observar, por exemplo, como as pessoas se vestiam, o que faziam e como eram os lugares antigamente.

Ilustrações, fotografias e pinturas são exemplos de fontes visuais.

Fontes orais

São os registros da memória das pessoas e da tradição oral de um povo, como as histórias contadas de geração a geração. As fontes orais podem ser cantigas, lendas, adivinhas, parlendas, depoimentos e entrevistas.

No Brasil, muitas das lendas de origem indígena e africana foram preservadas devido à forte tradição oral dessas populações.

Lance do jogo entre Brasil e Uruguai realizado em 16 de julho de 1950. Era a partida final da Copa do Mundo de Futebol, no Estádio do Maracanã, na cidade do Rio de Janeiro.

Os registros orais são importantes formas de compartilhar memórias e conhecimento.

A oralidade é uma das principais características da cultura dos povos tradicionais; muitos são os ensinamentos que compartilham exclusivamente por meio do diálogo e dos relatos.

ATIVIDADES

1 Pinte as fontes históricas abaixo de acordo com o tipo que representam.

Fonte oral: 🟩   Fonte visual: 🟨   Fonte escrita: 🟦   Fonte material: ⬜

Escrita	Material	Oral	Visual
Entrevista em revista.	Certidão de Nascimento.	Jornal.	Diário.
Moeda.	Pintura.	Cantiga de roda.	Filmes.
Ilustração.	Fotografia	Bilhete.	Samba.
Baú.	Áudios.	Vestimentas.	Brinquedo.

BRINCANDO

1 Pinte os pontos e descubra que tipo de fonte histórica está retratada aqui. Depois registre sua resposta.

_____

2 Que tal você e sua turma construírem uma cápsula do tempo para ser aberta no final do ano escolar? Vocês poderão escrever uma carta em que relatem como estão no momento, o que acontece em seu município e no país, os desejos coletivos e individuais, além de fotografias atuais. No futuro, essa cápsula funcionará como uma fonte histórica para este momento.

> ## ! SAIBA MAIS
>
> ### A Carteira de Identidade
>
> No Brasil, as primeiras Carteiras de Identidade foram emitidas no início do século 20 e eram bastante diferentes das atuais. Não havia, por exemplo, a fotografia da pessoa, e sim uma descrição das características físicas: cor da pele, dos olhos e do cabelo, marcas de nascença, cicatrizes e, em muitos casos, até mesmo a altura e o peso.
>
> Carteira de Identidade emitida em 1947.
>
> A Carteira de Identidade, assim como outros documentos, pode nos auxiliar a perceber as mudanças em nossa sociedade.

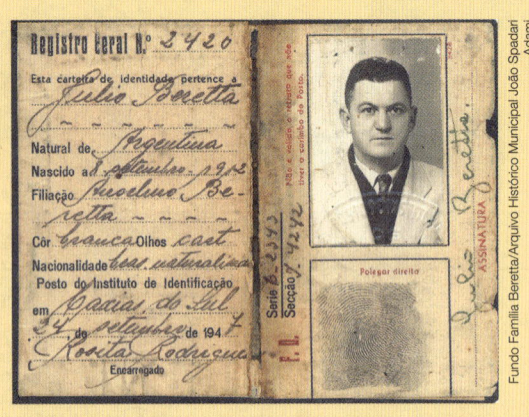

ATIVIDADES

1) Observe uma Carteira de Identidade atual e responda às perguntas.

a) Podemos afirmar que ela é uma fonte histórica? Explique.

_____
_____
_____

b) Que diferenças e semelhanças você observa entre o documento de 1947 e uma Carteira de Identidade atual?

_____
_____
_____

c) Comente com seus colegas: Será que a descrição das características físicas seria importante em um documento atual? Por quê?

A Arqueologia

A Arqueologia é a ciência que estuda os povos e as sociedades do passado por meio da análise das ossadas e dos vestígios da cultura material deixados por eles.

O estudo das ossadas humanas possibilita obter informações sobre os seres humanos mais antigos: onde e em que época viveram e como eram sepultados.

Os especialistas que investigam e trabalham com os vestígios materiais deixados pelos seres humanos são chamados de arqueólogos.

Escavação arqueológica. São José do Cerrito, Santa Catarina.

Chamamos de cultura material o conjunto dos objetos produzidos por um povo no passado: utensílios domésticos, armas, enfeites, peças de cerâmica e objetos de metal que resistiram à ação do tempo.

Sítios arqueológicos

Os lugares em que são encontrados vestígios de seres humanos antigos são chamados de sítios arqueológicos. Esses lugares podem ter sido moradias, cemitérios, depósitos de lixo etc. Além disso, um mesmo sítio pode ter sido ocupado por povos diferentes e ter tido funções distintas em cada época.

Para descobrir os vestígios deixados pelos povos do passado, é necessário escavar camadas de terra, areia ou pedras. Quanto mais profunda a escavação, mais antigos podem ser os vestígios encontrados.

ATIVIDADES

1 Leia o texto a seguir e faça o que se pede.

Arqueóloga desde menina

Ainda criança, a pesquisadora Maria Beltrão resolveu o que seria no futuro: uma investigadora do passado!

Maria da Conceição de Moraes Coutinho Beltrão nasceu em 1934, na cidade de Macaé, Rio de Janeiro. Imagine que, desde criança, ela já tinha ideia do que gostaria de fazer quando crescesse: se tornar uma investigadora do passado! Não é à toa, portanto, que os desenhos das preguiças-gigantes, animais extintos há milhares de anos, eram os que mais lhe chamavam a atenção nos livros que lia na infância. A menina cresceu mantendo o interesse pelo antigo: tornou-se arqueóloga, uma cientista que estuda a cultura e os costumes de povos que viveram na Terra há milhares de anos. Seu trabalho consiste em encontrar e analisar ossos, objetos, pinturas, enfim, qualquer prova da existência desses povos do passado que tenha sido preservada pela natureza.

[...]

O que faz um arqueólogo?

[Maria Beltrão] Sempre fui muito curiosa e, desde pequena, queria saber como eram as coisas e as pessoas que viveram neste mundo antes de nós. Os arqueólogos participam de escavações, analisam objetos e pinturas antigas, procurando pistas sobre o que aconteceu por aqui no passado. Já descobri muita coisa legal! A maioria dos objetos que encontro vai para os museus. Outros são mais divertidos de ver lá mesmo nos locais onde ficaram durante todo esse tempo. Às vezes, parece que estou brincando de detetive. A cada momento aparece um sinal diferente e a nossa investigação fica mais emocionante.

Cathia Abreu. Arqueóloga desde menina. *Ciência Hoje das Crianças*, Rio de Janeiro, 4 jan. 2005. Disponível em: http://chc.org.br/arqueologa-desde-menina/. Acesso em: 13 maio 2020.

a) Segundo o texto, o que é um arqueólogo?

_____
_____
_____
_____

b) O que acontece com os objetos encontrados por esses profissionais?

_____

_____

_____

c) Circule a palavra que **não** está de acordo com o trabalho do arqueólogo.

> Detetive   Investigador   Vendedor
> Cientista   Historiador   Pesquisador

PEQUENO CIDADÃO

Os quilombos e a Arqueologia

Você sabia que os quilombos podem ser considerados sítios arqueológicos?

Muitas vezes, eles eram formados em áreas escondidas no meio da mata; por isso, ainda é possível encontrar vestígios arqueológicos nas áreas ocupadas por essas comunidades. Além disso, diversos objetos do passado são preservados até hoje pelos membros dessas comunidades.

Ainda hoje, vivendo em comunidades, alguns descendentes de africanos escravizados dedicam-se a atividades como o plantio.

Nas escolas quilombolas, os alunos aprendem também a história e a cultura de seu povo.

Celebração do dia 13 de maio. Comunidade Negra dos Arturos. Contagem, Minas Gerais.

Festa do Império de São Gonçalo. Comunidade quilombola Kalunga Vão do Moleque. Cavalcante, Goiás.

SAIBA MAIS

O trabalho dos arqueólogos

O trabalho dos arqueólogos é realizado em diversas etapas. Vamos conhecer algumas delas?

Depois que um sítio arqueológico é identificado, começam as escavações no local. Elas devem ser feitas com bastante cuidado, para que nenhum objeto enterrado seja danificado.

Muitos dos objetos encontrados (ossos, moedas, peças de cerâmica) são limpos com pincel e fotografados ainda antes de serem retirados do solo.

Os objetos são armazenados separadamente e levados para análise em laboratório. Essas análises possibilitam saber qual é a idade aproximada do material encontrado.

ATIVIDADES

1 Pesquise sobre um dos quilombos que foram construídos no que hoje é o Brasil e cole no caderno uma imagem que o represente. Depois, responda às questões.

a) Ele está localizado em uma área urbana ou rural? Explique.

_____

_____

b) Pensando na localização dos quilombos, como você acha que seus moradores obtinham comida e materiais suficientes para viver?

_____

_____

_____

2 Descubra o caminho que a quilombola precisa fazer para chegar ao quilombo.

UNIDADE 4
ESTRANGEIROS NA COLÔNIA

Os primeiros anos de colonização portuguesa na América foram marcados por conflitos entre portugueses e outros europeus interessados na ocupação e exploração destas terras.

Os portugueses preocupavam-se em defender as terras ocupadas dos ataques de outros europeus, mas nem sempre conseguiram fazer isso. Assim, muitos lugares da colônia foram ocupados por outros povos europeus, sobretudo franceses e holandeses.

ATIVIDADES

1) Em sua opinião, o que levava os portugueses a temer o ataque de outros europeus?

_____
_____
_____

O Tratado de Tordesilhas

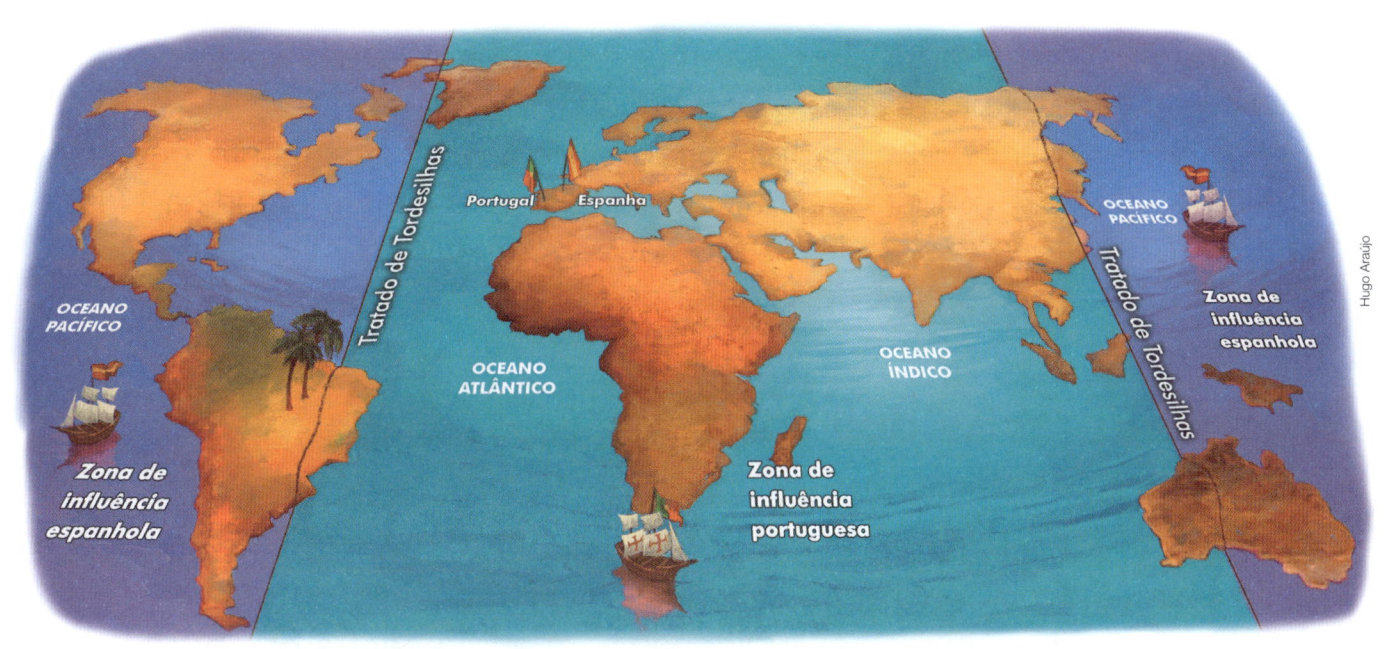

Fonte: W. Devos e R. Geivers. *Atlas histórico universal*. Madri: Bruño, 2005. p. 50.

No século 15, Portugal e Espanha financiavam diversas expedições marítimas em busca de riquezas. Em 1492, a notícia de que esquadras enviadas pelos reis da Espanha haviam encontrado terras distantes chegou aos reis portugueses, que também se interessaram pelas terras recém-encontradas.

Assim, para evitar futuros conflitos entre os países, em 1494 Portugal e Espanha assinaram o Tratado de Tordesilhas, um acordo que dividia entre eles as terras descobertas e ainda não descobertas.

ATIVIDADES

1 Assinale qual foi o método que os portugueses encontraram para defender e gerenciar as terras que haviam ocupado na América. Em seguida, explique os motivos dessa escolha.

☐ O nomadismo. ☐ A fixação.

_____
_____
_____

Os franceses na América do Sul

Diversos reinos da Europa sentiram-se prejudicados por terem ficado de fora da partilha entre Portugal e Espanha e organizaram expedições com o objetivo de ocupar e explorar as terras americanas.

Em 1555, os franceses ocuparam a região da Baía de Guanabara, onde hoje é o Rio de Janeiro, e fundaram uma colônia chamada França Antártica. Nessas terras fizeram feitorias, estabeleceram relações com diversos indígenas e construíram fortes com o objetivo de se defender dos ataques dos portugueses e de outros rivais.

A Confederação dos Tamoios

Os franceses uniram-se a diversas populações indígenas, como tupinambás, goitacás, guaianases e aimorés. Muitas delas eram inimigas dos portugueses, o que favoreceu a aproximação com os franceses, os quais, em troca de ajuda, forneciam armas aos indígenas para a luta contra os portugueses. O grupo formado por franceses e indígenas foi chamado de Confederação dos Tamoios.

Por outro lado, os tamoios também tinham inimigos, como os tupiniquins, que se aliaram aos portugueses no combate.

Jean Baptiste Debret. *Índios guaianases*, 1834-1839. Litografia colorida à mão, 34 cm × 49 cm.

Théodore de Bry. Gravura colorizada, século 16.

> Tamoio em tupi significa "o mais velho, antepassado". O grupo passou a ser chamado de tamoio porque era formado pelas tribos de origem tupi mais antigas, conhecidas por zelar pelos costumes tradicionais.

Após mais de uma década de conflitos, os portugueses venceram os franceses, que foram expulsos, acabando assim a França Antártica. Já seus aliados tamoios foram dizimados.

ATIVIDADES

1 Observe a imagem acima e assinale a opção correta.

A imagem tem relação com a Confederação dos Tamoios porque ela mostra:

a) ☐ indígenas (tupis) contra indígenas (tamoios).

b) ☐ europeus ao lado de indígenas.

c) ☐ indígenas todos juntos contra europeus.

SAIBA MAIS

A fundação da cidade do Rio de Janeiro

Mural que retrata a fundação da cidade do Rio de Janeiro por Estácio de Sá. Fachada da Paróquia de São Sebastião dos Frades Capuchinhos, Rio de Janeiro.

O governador-geral, Mem de Sá, solicitou reforços a Portugal com o objetivo de intensificar o combate aos franceses na Baía de Guanabara.

Em 1563, o governo português enviou à colônia uma tropa comandada por Estácio de Sá, sobrinho de Mem de Sá.

Ao chegar à região, próximo ao morro do Pão de Açúcar, Estácio de Sá fundou a cidade de São Sebastião do Rio de Janeiro, atual Rio de Janeiro, no dia 1º de março de 1565.

Mirante Dona Marta, Rio de Janeiro, Rio de Janeiro.

Os holandeses no Brasil

No início da colonização do Brasil, a atividade econômica mais praticada era o cultivo da cana para a produção de açúcar. As capitanias que mais produziam açúcar eram Bahia e Pernambuco.

Parte do sucesso na produção de açúcar ocorria pela ação de ricos holandeses, que emprestavam dinheiro aos portugueses e, em troca, vendiam o açúcar na Europa.

No entanto, a parceria entre portugueses e holandeses foi interrompida em 1580 com a morte de Dom Sebastião, rei de Portugal, que não deixou herdeiros. O parente mais próximo dele era o rei da Espanha, que passou também a ser rei de Portugal e de suas colônias. Como espanhóis e holandeses estavam em conflito, a antiga parceria foi desfeita.

Holandeses na Bahia

Hessel Gerritsz e Claes Janszoon Visscher. *São Salvador. Baía de Todos os Santos*, c. 1624. Gravura.
A imagem representa a vista da cidade de Salvador quando os navios holandeses chegaram, em 1624.

Em 1624, os holandeses ocuparam a capitania da Bahia, conquistando rapidamente a cidade de Salvador. No entanto, não tinham recursos suficientes para se manter ali enquanto se defendiam dos ataques portugueses. Assim, um ano após a invasão, os holandeses foram expulsos pelos portugueses.

ATIVIDADES

1 Assinale as alternativas corretas.

a) No início da colonização, qual era o principal produto fabricado pelos portugueses na América?

☐ Pau-brasil.   ☐ Cana-de-açúcar.   ☐ Açúcar.

b) Quem fazia o empréstimo de dinheiro aos portugueses e depois vendia os produtos feitos por eles?

☐ Os brasileiros.   ☐ Os holandeses.   ☐ Os espanhóis.

2 Complete.

a) Nome de uma colônia fundada por franceses _____.

b) Cidade do Brasil que foi invadida pelos holandeses em 1624 _____.

3 Encontre no diagrama de palavras seis termos que se relacionam ao que você está aprendendo.

O	T	P	O	S	F	I	H	A	E
R	O	E	U	E	R	U	O	D	J
A	R	I	C	D	A	I	L	I	U
Ç	D	D	H	E	N	F	A	R	O
Ã	E	F	N	N	C	Ç	N	Z	M
O	S	A	C	T	E	E	D	P	D
D	I	U	T	A	S	L	A	Q	T
E	L	R	N	R	E	I	I	Ã	U
N	H	B	Ã	I	S	T	D	Õ	P
O	A	C	A	S	A	U	O	E	I
V	S	F	U	M	Õ	O	T	R	S
O	L	E	T	O	O	U	C	O	S
E	U	R	O	P	A	D	A	D	E
L	E	I	P	B	L	E	M	A	O
O	T	A	M	O	I	O	S	G	Q

Nova ocupação holandesa

Em 1630, os holandeses voltaram a ocupar áreas coloniais portuguesas, dessa vez o povoado do Recife e a vila de Olinda, em Pernambuco, que era centro importante na produção de açúcar.

Os portugueses tentaram resistir ao avanço dos holandeses, mas sofreram diversas derrotas. Até 1634, os holandeses haviam conquistado as capitanias de Itamaracá, Rio Grande, Sergipe e Paraíba.

Em 1637, o governo holandês incorporou a capitania do Ceará e, em 1641, a capitania do Maranhão. As capitanias sob o domínio da Holanda ficaram conhecidas como Brasil Holandês.

Para administrar as terras conquistadas, em 1637 o governo holandês enviou ao Brasil o conde Maurício de Nassau. De 1637 a 1644, ele estabeleceu um bom relacionamento com os senhores de engenho da região.

Frans Post. *Vista da cidade Maurícia e do Recife*, 1653. Óleo sobre madeira, 42,2 cm × 83,6 cm.

Frans Post. *Olinda*, século 17. Óleo sobre painel, 73 cm × 111,5 cm.

Nassau concedeu empréstimos em dinheiro para a construção de engenhos e compra de escravos. Para os senhores de engenho, essas medidas ajudaram a desenvolver a produção de açúcar. Para os holandeses, garantiram o controle do comércio açucareiro e do tráfico de escravos na região.

Durante o governo de Nassau, as vilas sob domínio holandês passaram por diversas reformas urbanas, como a construção de ruas, pontes, praças e jardins. Além disso, diversos artistas europeus vieram ao Brasil e retrataram a paisagem e a vida local, como Frans Post e Albert Eckhout.

ATIVIDADES

1 Observe com atenção a imagem a seguir e faça o que se pede.

a) A pessoa retratada representa um:

☐ holandês.

☐ português.

☐ indígena.

Museu Nacional da Dinamarca, Copenhague

b) Pesquise na internet as seguintes informações sobre a tela:

Título	
Nome do artista	
Data da pintura	

c) Explique qual é a relação dessa obra de arte com as invasões holandesas.

_____
_____
_____

O fim da ocupação holandesa

Victor Meirelles. *Batalha dos Guararapes*, 1875. Óleo sobre tela, 5 m × 9,25 m. A Batalha dos Guararapes marcou a retomada do domínio de Pernambuco por Portugal.

A administração de Maurício de Nassau não gerou os lucros esperados pelo governo holandês, que passou a questionar seus métodos após uma crise na produção de açúcar. Com isso, Nassau retornou à Holanda em 1644.

Após a saída de Nassau, a relação do governo holandês com os fazendeiros da colônia ficou mais tensa. O governo passou a cobrar dívidas dos fazendeiros em crise, que, revoltados com as cobranças, aliaram-se a portugueses, indígenas e escravos na luta contra os holandeses. Esse movimento de revolta ficou conhecido como **Insurreição** Pernambucana, durou de 1645 a 1654 e terminou com a derrota dos holandeses.

GLOSSÁRIO

Insurreição: revolta ocasionada por descontentamento com determinada situação.

BRINCANDO

1 Você sabia que o açúcar pode ser produzido com o uso de outro recurso natural que não a cana? Descubra que recurso é esse anotando apenas a primeira letra do nome de cada desenho.

__ E __ __ R __ __ B __

ATIVIDADES

1 Registre na linha do tempo o ano dos acontecimentos que marcaram a permanência dos holandeses no Brasil.

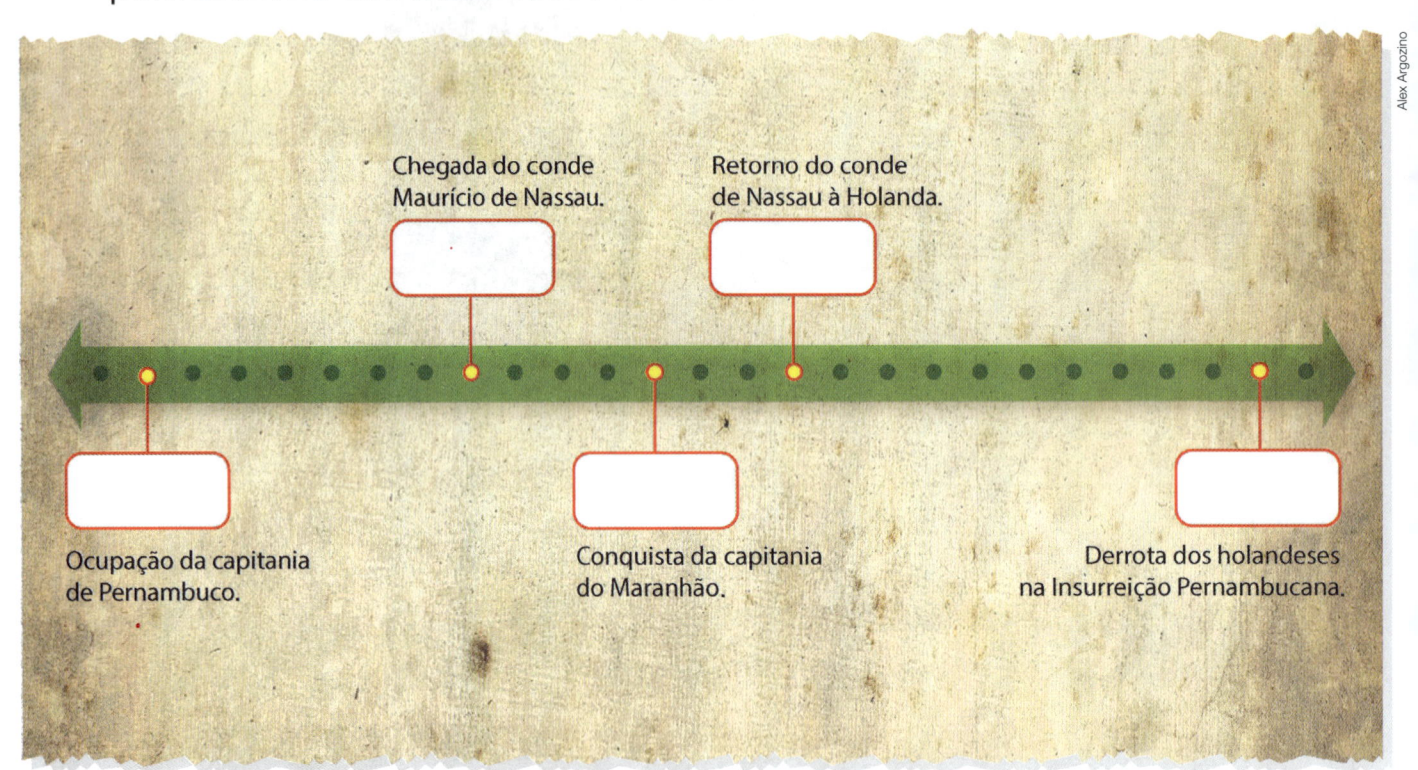

Chegada do conde Maurício de Nassau.

Retorno do conde de Nassau à Holanda.

Ocupação da capitania de Pernambuco.

Conquista da capitania do Maranhão.

Derrota dos holandeses na Insurreição Pernambucana.

2 Escreva **V** nas afirmativas verdadeiras e **F** nas falsas.

☐ Os holandeses invadiram as capitanias de São Vicente e São Tomé.

☐ Os maiores centros de produção açucareira ficavam no litoral do nordeste.

☐ Nassau facilitou a produção de açúcar emprestando dinheiro aos senhores de engenho.

☐ Muitos fazendeiros deviam dinheiro ao governo holandês, e a cobrança dessas dívidas resultou num movimento de revolta que teve a participação de portugueses, indígenas e africanos.

☐ O movimento para expulsar os holandeses das colônias portuguesas na América foi denominado Insurreição Pernambucana.

3 Com Maurício de Nassau vieram artistas que representaram em suas obras a vida na colônia. Albert Eckhout foi um dos pintores que retrataram a natureza, a sociedade e os costumes locais durante o tempo que passou em terras brasileiras. Observe as imagens e responda às questões.

1

Albert Eckhout. *Dança dos Tarairiu*, c. 1640-1644. Óleo sobre tela, 1,72 m × 2,95 m.

2

Albert Eckhout. *Natureza-morta com abacaxi, melancia e outras frutas tropicais*, c. 1641. Óleo sobre tela, 91 cm × 91 cm.

a) O que você observa na imagem 1?

_____
_____
_____

b) Você conhece as frutas representadas na segunda imagem? Quais são?

_____
_____

c) Em sua opinião, o que levou Albert Eckhout a representar frutas em sua pintura?

_____
_____
_____

PEQUENO CIDADÃO

Diversidade étnica na formação do povo brasileiro

O povo brasileiro formou-se da mistura de diferentes povos. Você já ouviu os termos "mameluco" e "cafuzo"? E "mulato", sabe o que significa?

As misturas de povos europeus e indígenas (mamelucos), europeus e africanos (mulatos) e indígenas e africanos (cafuzos) foram muito intensas nas terras que hoje formam o Brasil.

Albert Eckhout. *Mameluca*, 1641. Óleo sobre tela, 2,71 m × 1,70 m.

Albert Eckhout. *Mulher tupi*, 1641. Óleo sobre tela, 1,63 m × 2,74 m.

Albert Eckhout. *Mulher negra*, 1641. Óleo sobre tela, 2,82 m × 1,89 m.

As diferenças étnicas e as misturas de povos também foram retratadas por Albert Eckhout.

1. Nosso vocabulário também pode ser considerado uma mistura de palavras com origens diferentes.

   No caderno, faça o que se pede.

   a) Pesquise duas palavras de cada uma dessas três origens.

   b) Anote o significado delas.

   c) Explique a razão da existência de palavras com essas origens.

UNIDADE 5

A INDEPENDÊNCIA DO BRASIL

Oscar Pereira da Silva. *Sessão das Cortes de Lisboa*, 1922. Óleo sobre tela, 2,62 m × 3,15 m. A obra retrata uma das muitas reuniões dos políticos portugueses que pediam o retorno de Dom Pedro a Portugal.

Dom Pedro assumiu o governo do Brasil em 1821, com 22 anos. Naquela época, o Brasil ainda não era oficialmente um país, e sim parte do Reino de Portugal.

A presença do novo príncipe regente não agradava aos políticos de Lisboa, que planejavam recolonizar o Brasil. Assim, esses políticos passaram a exigir a volta de Dom Pedro a Portugal.

Por outro lado, os membros da elite brasileira pressionavam Dom Pedro a se pronunciar a favor da liberdade política e econômica do Brasil, pois assim eles continuariam com as vantagens econômicas que haviam conquistado.

Em 9 de janeiro de 1822, Dom Pedro recebeu, no Rio de Janeiro, um abaixo-assinado pedindo sua permanência no Brasil. Após a leitura do documento, o príncipe regente decidiu ficar. Por isso, esse dia ficou conhecido como **Dia do Fico**.

ATIVIDADES

1 Como o Dia do Fico se relaciona com a Independência do Brasil?

_____

_____

A Declaração de Independência do Brasil

Jean-Baptiste Debret. *Aclamação de Dom Pedro 1º no Campo de Sant'Ana*, 1830. A imagem representa a Declaração da Independência do Brasil sendo comemorada por políticos brasileiros e pela população.

Após decidir permanecer no Brasil, Dom Pedro adotou algumas medidas que aumentavam a liberdade da colônia em relação a Portugal. A principal delas determinava que nenhuma lei portuguesa poderia ter validade no Brasil sem sua aprovação.

Os portugueses que moravam no Brasil ficaram descontentes com as medidas tomadas por Dom Pedro. Em várias províncias houve lutas entre aqueles que apoiavam um governo português e aqueles que desejavam a independência.

Em meio a esses conflitos, Dom Pedro recebeu correspondências de Lisboa que exigiam seu retorno imediato a Portugal. Diante disso, o príncipe regente optou pela separação e proclamou a Independência do Brasil no dia 7 de setembro de 1822, às margens do Riacho do Ipiranga, em São Paulo. Assim, o Brasil declarava sua independência em relação ao domínio português.

Em 12 de outubro, ao chegar ao Rio de Janeiro, Dom Pedro foi **aclamado** imperador do Brasil e recebeu o título de Dom Pedro 1º.

GLOSSÁRIO

Aclamar: demonstrar aprovação a governante por meio de saudação pública.

BRINCANDO

1 A bandeira pode simbolizar um país, estado ou município, bem como instituições religiosas, esportivas e educacionais. Vamos elaborar uma bandeira para representar sua turma? Siga as orientações.

1. Observe o grupo de alunos de sua sala de aula. Depois, registre no espaço abaixo duas características comuns a todos vocês.

   _____
   _____
   _____

2. Elabore desenhos que representem essas características no espaço a seguir.

3. Compartilhe seus desenhos com os colegas e o professor. Em conjunto, decidam os desenhos que entrarão na bandeira e desenhem o projeto final.

4. Para confeccionar a bandeira, utilizem diferentes materiais, como tecidos, papéis, tintas, materiais para reciclagem etc.

> **SAIBA MAIS**

A bandeira imperial

Gravura da Bandeira do Império do Brasil concebida por Jean-Baptiste Debret.

Uma das primeiras medidas de Dom Pedro 1º após a Declaração da Independência do Brasil determinava que fosse criada uma bandeira para simbolizar o Brasil independente.

Em seu decreto, o imperador deu diversas orientações de como deveria ser o desenho da bandeira. Entre elas, constava a obrigatoriedade das cores verde e amarelo e a inclusão de 19 estrelas para representar todas as províncias da nação.

Na bandeira, o retângulo verde e o losango amarelo representam as cores da família real. Ao centro está o brasão do Império. Nele, as estrelas prateadas representam as províncias, a esfera dourada homenageia Portugal e a cruz no centro demonstra a crença no catolicismo. A coroa no topo simboliza o poder real, e as folhas de café e tabaco, ligadas por um laço, foram incluídas para representar a riqueza da nação.

O escolhido para confeccionar a bandeira foi o artista francês Jean-Baptiste Debret, pintor oficial do Império.

ATIVIDADES

1 Preencha corretamente os espaços em branco relacionados à bandeira do Império do Brasil.

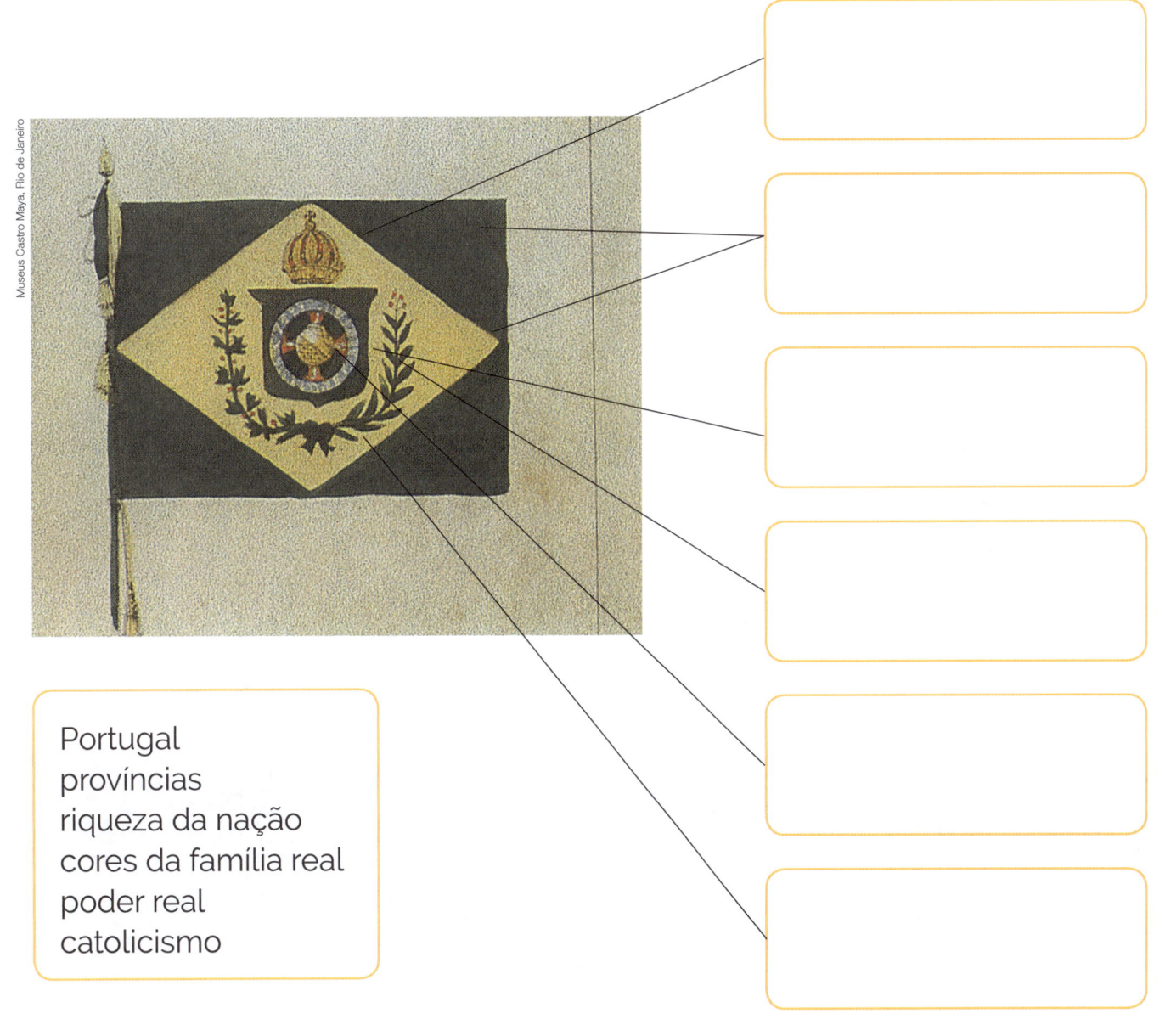

Portugal
províncias
riqueza da nação
cores da família real
poder real
catolicismo

2 Identifique a contribuição de povos de diferentes origens na bandeira do Império do Brasil.

_____
_____
_____

ATIVIDADES

1 Explique, com suas palavras, o que significou a Independência para o Brasil.

_____

2 Responda em seu caderno. Para você, o que significa ser independente?

BRINCANDO

1 Localize no diagrama de palavras as respostas das questões a seguir.

a) Que país exigia o retorno de Dom Pedro?

b) Qual é o nome do riacho onde foi declarada a Independência do Brasil?

c) Data da Proclamação da Independência do Brasil.

d) O país que mais ficou descontente com as medidas tomadas por Dom Pedro.

S	E	T	E	D	E	S	E	T	E	M	B	R	O
E	H	G	R	J	U	L	D	E	S	O	R	E	L
P	Q	T	R	P	X	C	Ã	J	L	N	G	Q	E
L	A	B	S	Q	P	F	Q	O	U	I	Q	T	L
O	I	P	O	X	A	I	P	A	E	C	B	Q	O
R	P	E	U	V	B	U	O	D	J	L	E	J	H
A	I	I	C	A	H	I	R	I	U	E	D	G	F
Ç	R	D	H	G	E	F	T	R	O	U	A	R	S
Ã	A	F	N	H	B	Ç	U	Z	M	B	D	H	A
O	N	A	C	M	I	E	G	P	D	H	Q	A	Q
D	G	U	T	C	O	L	A	Q	A	E	G	F	F
E	A	R	N	Q	U	I	L	Ã	O	O	H	S	B
N	S	B	Ã	R	Q	T	D	Õ	F	U	W	G	C
O	O	P	O	R	T	U	G	A	L	R	T	B	A

O conflito na Bahia

Antônio Parreiras. *O primeiro passo para a Independência da Bahia*, 1931. Óleo sobre tela, 280 cm × 430 cm. Mais de cem anos após o fim do conflito, o pintor Antônio Parreiras foi contratado pelo governo do estado da Bahia para registrar os acontecimentos ocorridos a partir do dia 25 de junho de 1822, quando as lutas tiveram início.

A Independência do Brasil foi recebida com alegria por muitos brasileiros, mas diversos portugueses que aqui moravam desejavam que o Brasil permanecesse unido a Portugal. Em decorrência disso, ocorreram vários conflitos nas províncias.

No início de 1822, ainda antes da Proclamação da Independência, o governo de Portugal afastou o governador da Bahia, Manoel Guimarães, e colocou em seu lugar o português Inácio Luís Madeira de Melo. O objetivo era aumentar o controle de Portugal sobre a região.

Revoltados com a atitude do governo, muitos baianos começaram a protestar, chegando a entrar em confronto com os portugueses. Os conflitos ocorreram em diversas cidades e foram marcados pela participação de pessoas comuns, que se aliaram aos soldados nos combates contra as tropas enviadas pelo governo português. Entre os combatentes, destacaram-se algumas mulheres, como Maria Felipa e Maria Quitéria, cuja luta incentivou outras mulheres.

Os conflitos seguiram até a metade de 1823 – quase um ano depois de Dom Pedro ter proclamado a Independência –, quando as tropas portuguesas, derrotadas, se retiraram de Salvador. O dia da vitória dos brasileiros, 2 de julho, é considerado o dia da Independência da Bahia.

ATIVIDADES

1 Assinale as palavras que podem ser associadas ao período dos conflitos na Bahia durante a fase em que Portugal tentava manter o controle sobre o território brasileiro.

a) ☐ protestos

b) ☐ comemorações

c) ☐ confrontos

d) ☐ disputas

e) ☐ acordos

f) ☐ revoltas

g) ☐ comércio

h) ☐ jogos

i) ☐ combates

j) ☐ festas

k) ☐ alianças

l) ☐ tranquilidade

2 Leia um trecho do hino do estado da Bahia e responda à pergunta.

Nasce o sol ao 2 de julho,
Brilha mais que no primeiro!
É sinal que neste dia
Até o sol, até o sol é brasileiro.
[...]

José dos Santos Barreto e Ladislau dos Santos Titara. *Hino do Estado da Bahia – 2 de Julho*. Disponível em: www.pm.ba.gov.br/Hinos/Letras/hino2jul.pdf. Acesso em: 12 maio 2020.

a) Por que o sol do dia 2 de julho pode ser considerado brasileiro?

_____

_____

_____

3 Desembaralhe as letras e identifique os nomes de pessoas que contribuíram para o processo de Independência do Brasil.

| A | R | M | I | A | A | P | F | L | E | I |

_____

| M | Q | A | R | I | A | U | I | T | É | A | I | R |

_____

4 Mesmo com a Proclamação da Independência do Brasil, Portugal não aceitou com tranquilidade essa decisão. Em sua opinião, por que o governo português continuou tentando manter domínio sobre as terras brasileiras?

_____
_____
_____

BRINCANDO DE HISTORIADOR

1 Durante muito tempo, na história do Brasil, os registros históricos apontavam apenas a participação de homens nas lutas e conquistas de interesses e terras. Contudo, nos conflitos na Bahia, destacou-se a presença feminina na luta contra o domínio de Portugal na figura de duas mulheres: Maria Felipa e Maria Quitéria. Pesquise um pouco sobre a vida de ambas e compartilhe os resultados com os colegas e o professor.

1. Dividam-se em dois grupos. Cada grupo vai pesquisar sobre a vida de uma das personagens históricas:
   a) Maria Felipa;
   b) Maria Quitéria.
2. Escolham as informações mais importantes sobre a vida da personagem histórica que vocês estão pesquisando.
3. Dividam-se em minigrupos que ficarão responsáveis por cada parte da pesquisa. Por exemplo: uma dupla de alunos fará as anotações na cartolina; outra dupla pesquisa as imagens e as compartilha com os colegas; outra pode fazer os desenhos; três alunos podem organizar na cartolina os fatos escolhidos; outro trio pode produzir o roteiro da apresentação.
4. Organizem essas informações em uma ou mais cartolinas. Incluam desenhos e fotografias de objetos ou de imagens que tenham relação com a sua pesquisa.
5. Apresentem seus resultados para o outro grupo. Todos os alunos devem participar da apresentação, explicando uma parte dos resultados.

PEQUENO CIDADÃO

A participação das mulheres na vida pública

Durante o período de conflitos na Bahia, Maria Quitéria destacou-se por seus conhecimentos militares e sua vontade de lutar pela independência da província.

Naquele período, grande parte das profissões era caracterizada como atividade masculina. As mulheres eram consideradas aptas apenas para o trabalho doméstico.

Ao longo do tempo, em especial no século 20, as mulheres conquistaram direitos e o reconhecimento da igualdade com os homens. Atualmente, em muitas profissões, homens e mulheres exercem atividades semelhantes.

Maria Quitéria de Jesus nasceu na Bahia, provavelmente em 1792. Em 1822 alistou-se no Exército brasileiro fazendo-se passar por homem, pois as mulheres não eram aceitas entre os soldados. Mais tarde, sua identidade foi revelada, e ela foi reconhecida como uma das combatentes mais habilidosas da época.

1 Para você, existem diferenças entre homens e mulheres quanto à realização de atividades? Explique seu posicionamento.

_____
_____
_____

UNIDADE 6
O PRIMEIRO REINADO

Jean-Baptiste Debret. *Os refrescos do Largo do Palácio*, c. 1823.

    O período em que o Brasil foi governado por Dom Pedro 1º é conhecido como Primeiro Reinado. Ele durou de 1822 a 1831.

    Após a Declaração da Independência do Brasil, muitas questões ainda não haviam sido resolvidas. Além do combate na Bahia, muitos nas províncias do Pará, Maranhão, Piauí e Ceará não aceitaram a independência. Assim, vários conflitos ocorreram nos primeiros anos do Brasil Independente.

A Constituição de 1824

Logo após assumir o poder, Dom Pedro 1º convocou um grupo de políticos para formar uma Assembleia Constituinte, ou seja, um conjunto de pessoas responsável por elaborar a primeira Constituição do Brasil.

A Constituição é o conjunto de leis de uma nação. Nela estão os direitos e deveres da população e dos governantes.

Capa da Constituição Política do Império do Brasil, outorgada no Rio de Janeiro em 25 de março de 1824.

A tarefa de elaborar a primeira Constituição não era nada fácil, pois cada político membro da Assembleia procurava defender os interesses de sua região. Com isso, as conversas seguiam, mas sem que houvesse uma solução.

Assim, em novembro de 1823 o imperador dissolveu a Assembleia e convocou outro grupo de pessoas de sua confiança para escrever a Constituição.

Em 25 de março de 1824 foi publicada a Constituição, outorgada por Dom Pedro 1º, ou seja, imposta por ele. Esse ato do imperador desagradou a vários brasileiros, pois dava muitos privilégios e poderes a ele.

ATIVIDADES

1 Leia a seguir dois trechos da Constituição de 1824 e faça o que se pede.

Art. 1. O IMPERIO do Brazil é a associação Politica de todos os Cidadãos Brazileiros. Elles formam uma Nação livre, e independente, que não admitte com qualquer outra laço algum de união, ou federação, que se opponha á sua Independencia. [...]

Art. 98. O Poder Moderador é a chave de toda a organisação Politica, e é delegado privativamente ao Imperador, como Chefe Supremo da Nação, e seu Primeiro Representante, para que incessantemente vele sobre a manutenção da Independencia, equilibrio, e harmonia dos mais Poderes Politicos.

BRASIL. *Constituição Política do Império do Brasil*, 25 de março de 1824. Disponível em: www.planalto.gov.br/ccivil_03/constituicao/constituicao24.htm. Acesso em: 8 jul. 2020.

a) Qual é a ideia principal do primeiro artigo?

_____
_____
_____

b) Para você, o que significa a denominação de Dom Pedro 1º como Chefe Supremo da Nação?

_____
_____
_____

c) A língua portuguesa falada no Brasil sofreu modificações ao longo do tempo. Sublinhe no texto as palavras que atualmente são escritas com outra ortografia e registre a forma atual de escrevê-las.

_____
_____

2 Explique qual foi o principal desafio na elaboração da Constituição de 1824.

_____
_____
_____
_____

BRINCANDO DE HISTORIADOR

O Brasil tem vários monumentos históricos. O propósito dessas obras é ilustrar diferentes acontecimentos que marcaram o país, ainda que eles não sejam retratados fielmente.

Muitos monumentos históricos são também uma importante contribuição artística. Eles devem ser cuidados, pois são parte de nosso patrimônio histórico e cultural.

Monumento à Independência da Bahia. Salvador, Bahia, 2014.

1 Sua cidade tem monumentos históricos? Quais?

_____

_____

2 Os monumentos históricos que você conhece estão preservados? Explique sua resposta.

_____

_____

_____

3 Assim como o Monumento à Independência da Bahia, outros monumentos valorizam os acontecimentos marcantes da história local e do nosso país. Você conhece algum monumento desse tipo? Em caso afirmativo, qual?

_____

_____

a) Pesquise imagens desses monumentos e cole ao menos uma delas em seu caderno. Comente o significado dele com seus colegas e o professor.

Revoltas contra o Império

A oposição ao imperador foi grande durante todo o período em que Dom Pedro 1º esteve no poder, pois muitas pessoas viviam em situação difícil e não recebiam nenhum apoio do governo.

A situação agravou-se com o surgimento de revoltas contra o Império, como a Confederação do Equador e a Guerra da Cisplatina. Esse conjunto de fatores contribuiu decisivamente para o término do Primeiro Reinado no Brasil.

Vejamos com mais detalhes cada uma dessas revoltas.

A Confederação do Equador

As propostas autoritárias de Dom Pedro 1º provocaram descontentamento em várias províncias. Em 2 de julho de 1824, na cidade do Recife, em Pernambuco, foi publicado um documento que criticava as atitudes do imperador e propunha a implantação de um novo tipo de governo que unisse as províncias do norte e do nordeste. Esse movimento ficou conhecido como Confederação do Equador.

A conjuração foi reprimida pelas tropas do governo imperial e derrotada em novembro de 1824. Os principais líderes da revolta foram presos e condenados, com destaque para o religioso Joaquim do Amor Divino Caneca, conhecido como Frei Caneca, condenado à morte.

Murillo La Greca. *A execução de Frei Caneca*, 1924. Óleo sobre tela, 175 cm × 90 cm. O político e religioso pernambucano Joaquim do Amor Divino Caneca ficou conhecido por se opor à Constituição imposta por Dom Pedro 1º em 1824. Para ele, um bom líder deveria governar para o povo e não abusar do poder.

A Guerra da Cisplatina

Juan Manuel Blanes. *Juramento dos 33 Orientais*, 1877. Óleo sobre tela, 311 cm × 546 cm. O domínio brasileiro na Cisplatina foi combatido por um grupo conhecido como os Trinta e Três Orientais. Na obra, esse grupo aparece saudando a bandeira tricolor (azul, vermelha e branca), adotada em homenagem aos ideais de liberdade, igualdade e fraternidade.

O território conhecido como Banda Oriental do Uruguai era uma região de colonização espanhola muito cobiçada pelos portugueses. Em 1821, quando a Espanha passava por dificuldades econômicas, esse território foi conquistado pelos portugueses e anexado ao Reino de Portugal, Brasil e Algarves durante o governo de D. João 6º, e recebeu o nome de província Cisplatina.

Como não se consideravam portugueses nem brasileiros, os habitantes da província declararam sua separação do Brasil em 1825, mas foram atacados pelas tropas de Dom Pedro 1º. O conflito durou até 1828 e terminou com a separação da província Cisplatina, que se tornou um novo país: a República Oriental do Uruguai.

A ocorrência desse conflito aumentou a **impopularidade** de Dom Pedro 1º, pois ocorreram várias mortes e bastante dinheiro foi gasto em uma guerra considerada desnecessária por muitos.

GLOSSÁRIO

Impopular: quem ou o que não tem apoio da maior parte da população.

ATIVIDADES

1 O mapa a seguir mostra as províncias do Império do Brasil em 1822. Observe e faça o que se pede.

Império do Brasil (1820)

Fonte: Cláudio Vicentino. *Atlas histórico: geral e do Brasil*. São Paulo: Scipione, 2011. p. 126.

a) Pinte de vermelho a província em que foi proclamada a Confederação do Equador.

b) Pinte de amarelo a província que se separou do Brasil em 1828.

2 Cite uma semelhança entre a Guerra da Cisplatina e a Confederação do Equador.

_____

_____

_____

O fim do Primeiro Reinado

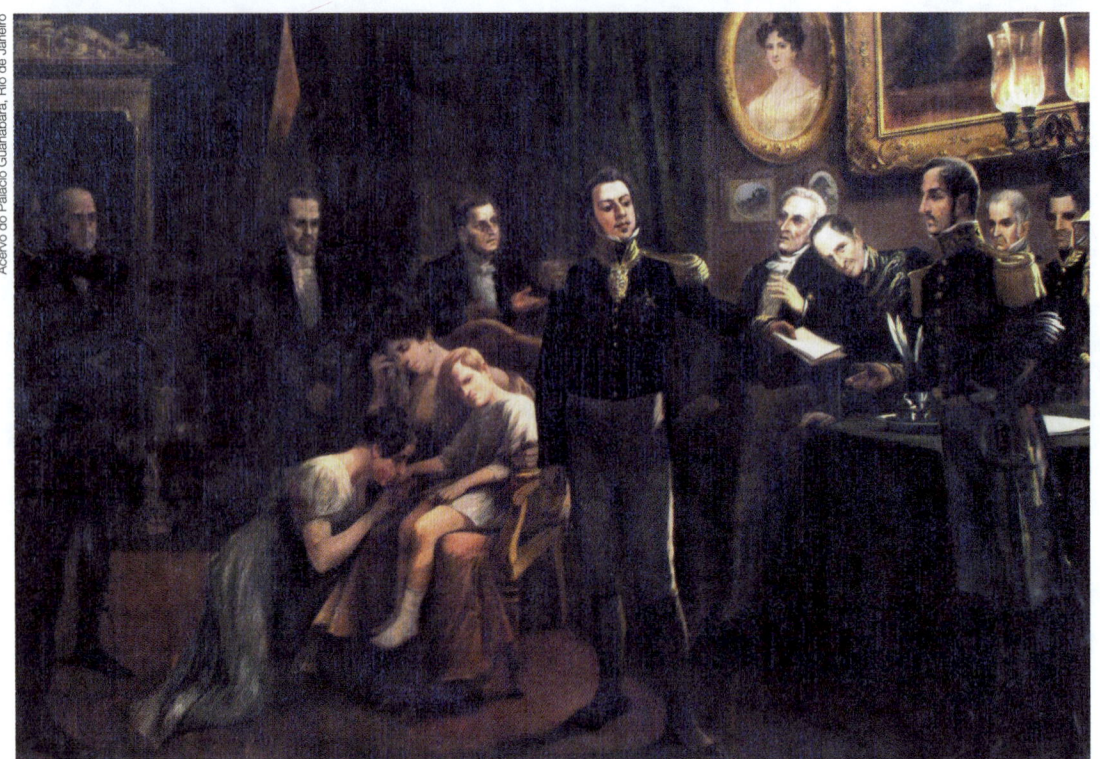

Aurélio de Figueiredo. *Abdicação do primeiro Imperador do Brasil, Dom Pedro 1º*, 1911. Óleo sobre tela. A obra retrata o momento em que Dom Pedro 1º entrega ao major Miguel Frias sua carta de renúncia ao trono em favor do filho, Pedro de Alcântara, no dia 7 de abril de 1831. O príncipe herdeiro, de 5 anos, aparece no quadro sentado no colo da imperatriz Amélia Augusta, esposa de Dom Pedro 1º.

O governo de Dom Pedro 1º foi marcado por atitudes **autoritárias** e impopulares, como a imposição da Constituição de 1824, a condenação à morte de Frei Caneca e o pagamento de uma grande quantia a Portugal em troca do reconhecimento da Independência.

Como o imperador não atendia às reclamações da população, a rejeição a seu governo aumentou rapidamente. Alguns jornais o criticavam, acusando-o de dar muita atenção às questões que envolviam Portugal em vez de se preocupar com o Brasil.

Assim, criticado pela imprensa e pelo povo, que protestava nas ruas, Dom Pedro 1º decidiu abandonar o Brasil e seguir para Portugal, deixando o trono para seu filho, Pedro de Alcântara, de apenas 5 anos, mas nascido no Brasil.

Dom Pedro 1º escolheu José Bonifácio de Andrada e Silva para ser o **tutor** de seu filho. Em seguida, retornou a Portugal, onde assumiu o trono português sob o título de Dom Pedro 4º. Com essa atitude, ele pretendia resolver os conflitos no Brasil e garantir que o trono permanecesse com sua família.

GLOSSÁRIO

Autoritário: aquilo que é imposto pela força, sem possibilidade de negociação.

Tutor: pessoa que cuida de alguém, protegendo-o.

ATIVIDADES

1) Complete a linha do tempo utilizando as informações a seguir.

a) fim da Guerra da Cisplatina
b) retorno de Dom Pedro 1º a Portugal
c) Independência do Brasil
d) Confederação do Equador

1822	1823	1824	1825	1826

1827	1828	1829	1830	1831

2) Escreva **V** para verdadeiro e **F** para falso.

☐ Dom Pedro 1º governou de forma considerada autoritária.

☐ Dom Pedro 1º escolheu José Bonifácio para sucedê-lo.

☐ Era grande a rejeição ao governo imperial por parte da população e da imprensa.

3) Quando Dom Pedro 1º abandonou o trono, seu filho, Pedro de Alcântara, tinha apenas 5 anos. Em sua opinião, seria possível a uma criança dessa idade governar um país?

_____
_____
_____

PEQUENO CIDADÃO

As constituições e a participação política

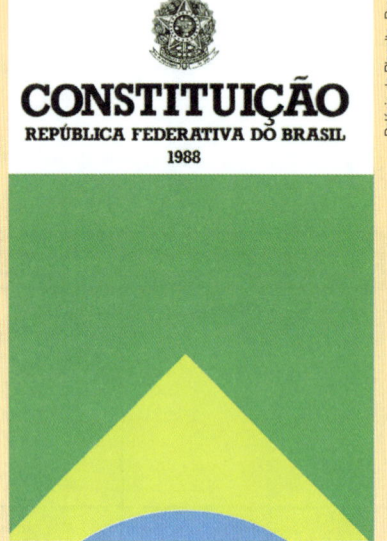

Capa da Constituição da República Federativa do Brasil de 1988.

Na primeira Constituição do Brasil não foram apontados os direitos fundamentais do cidadão brasileiro, como vida, saúde e educação. Outras constituições foram elaboradas no país até chegarmos a um documento que reconhece um conjunto amplo de direitos e deveres das pessoas, apresentando uma visão democrática de governo.

Leia a seguir trecho da Constituição de 1988 que traz conquistas relacionadas à participação popular e às garantias de direitos de forma igualitária.

Art. 6º São direitos sociais a educação, a saúde, a alimentação, o trabalho, a moradia, o transporte, o lazer, a segurança, a previdência social, a proteção à maternidade e à infância, a assistência aos desamparados, na forma desta Constituição.

Brasil. [Constituição (1988)]. *Constituição da República Federativa do Brasil de 1988*. Brasília, DF: Presidência da República, [2016]. Disponível em: www.planalto.gov.br/ccivil_03/constituicao/constituicao.htm. Acesso em: 8 jul. 2020.

1 Na sua opinião, atualmente todos os brasileiros têm os direitos respeitados? Justifique sua resposta.

_____
_____
_____

UNIDADE 7

O PERÍODO REGENCIAL

Jean-Baptiste Debret. *Aclamação de Dom Pedro 2º no Rio de Janeiro, em 7 de abril de 1831*, c. 1839. Litografia de Thierry Frères, 22,5 cm × 35,8 cm. A notícia de que o Brasil seria governado por um imperador nascido no país agradou à grande parte da população. A obra mostra o futuro imperador, ainda criança, saudado por militares e pelo povo.

Ao deixar o Brasil com destino a Portugal, Dom Pedro 1º determinou que seu filho mais velho herdasse o trono assim que completasse 18 anos. Enquanto isso não ocorresse, o Brasil seria governado por políticos chamados de regentes.

Além de governar o Brasil, os regentes deveriam garantir que Pedro de Alcântara, o futuro imperador, recebesse boa educação e se preparasse para ser o segundo imperador do Brasil. Assim teve início o Período Regencial.

As regências

O Período Regencial durou de 1831 a 1840 e pode ser dividido em duas fases. A primeira fase foi a da Regência Trina; a segunda, a da Regência Una.

Após Dom Pedro 1º deixar o Brasil, três políticos brasileiros ficaram responsáveis pelo governo. Essa fase ficou conhecida como Regência Trina e durou de 1831 a 1834.

Foi decidido, então, que haveria um único regente, escolhido por eleição, e não três. Nessa época, apenas os mais ricos tinham o direito de votar. Iniciou-se o período da Regência Una, e o padre Antônio Feijó foi escolhido para ser o governante. Ele assumiu o governo de 1835 a 1837.

Na segunda Regência Una, o Brasil foi governado por Araújo Lima, de 1837 a 1840.

O Período Regencial foi marcado por muitas disputas dos políticos: enquanto uns, chamados de moderados, defendiam o fortalecimento do poder dos regentes, outros, chamados de exaltados, acreditavam que os governos das províncias deveriam ter mais liberdade para tomar decisões.

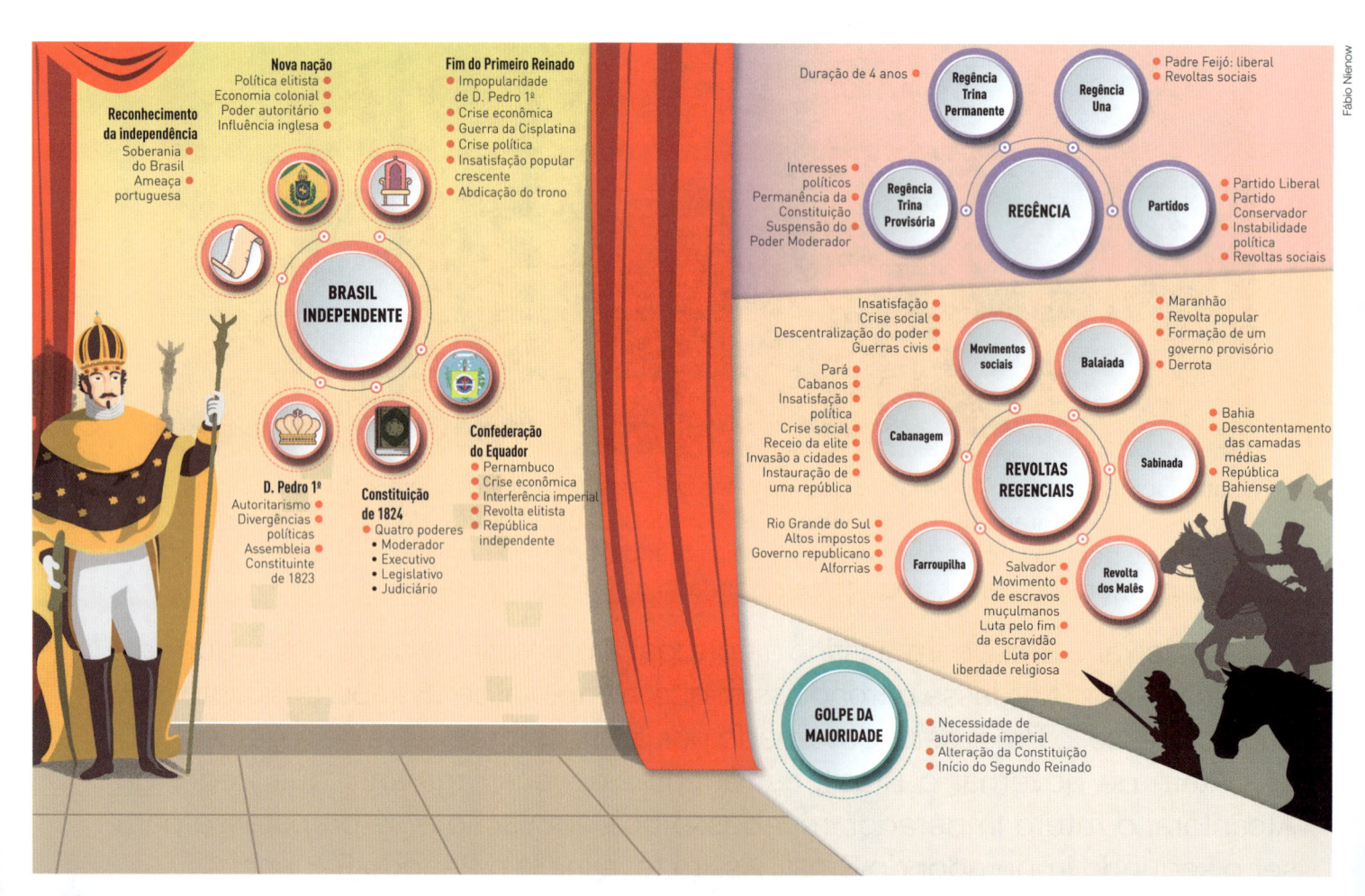

ATIVIDADES

1 Por que o Império do Brasil foi governado por regentes?

_____

_____

2 Complete o quadro com informações das fases do Período Regencial.

Nome da regência	Período de duração	Quantidade de regentes
Regência Trina	_____	_____
_____	_____	um regente

3 Além de governar o país, qual era a outra responsabilidade dos políticos que se tornaram regentes do Brasil?

_____

SAIBA MAIS

A educação do futuro imperador

Enquanto as disputas políticas aumentavam e diversos conflitos surgiam no Período Regencial, o futuro imperador dedicava-se aos estudos de Ciências, Línguas e Artes, pois acreditava-se que um bom governante deveria adquirir muito conhecimento na infância e na adolescência.

Félix-Émile Taunay. *Dom Pedro 2º e suas irmãs, Francisca e Januária*, c. 1835. Litografia colorida, 32,5 cm × 37,8 cm. Os três estão em trajes de luto devido à morte do pai.

Um período agitado

O Período Regencial foi marcado por grave crise econômica, que afetou principalmente a população mais pobre. Houve também insatisfação de muitas províncias em relação ao governo regencial, com diversas revoltas e rebeliões. As elites regionais, formadas por grandes proprietários de terra e comerciantes ricos, também demonstravam insatisfação e reivindicavam maior participação política no governo.

Alguns líderes de grupos revoltosos queriam romper com a monarquia e proclamar a república. Eles acreditavam que, dessa forma, teriam mais autonomia política e econômica nas regiões em que atuavam.

Vamos conhecer a seguir alguns dos principais conflitos ocorridos no Período Regencial.

> Em uma monarquia, o governante do país pertence a uma família considerada nobre. Já em uma república, o governante é escolhido pelo povo.

Revolta dos Malês (1835)

Essa revolta aconteceu em Salvador, na Bahia, no dia 25 de janeiro de 1835, e dela participaram africanos e afrodescendentes muçulmanos (escravos e ex-escravos), que desejavam pôr fim à escravidão, ao preconceito e à exploração a que eram submetidos. Os negros muçulmanos eram conhecidos como "malês".

René-Claude Geoffroy de Villeneuve. *Talbe, prêtre Maure ou Marabout*, c. 1814. Gravura em metal. A gravura mostra homens senegaleses de fé islâmica. Muitos africanos muçulmanos foram trazidos à força para a América como escravos.

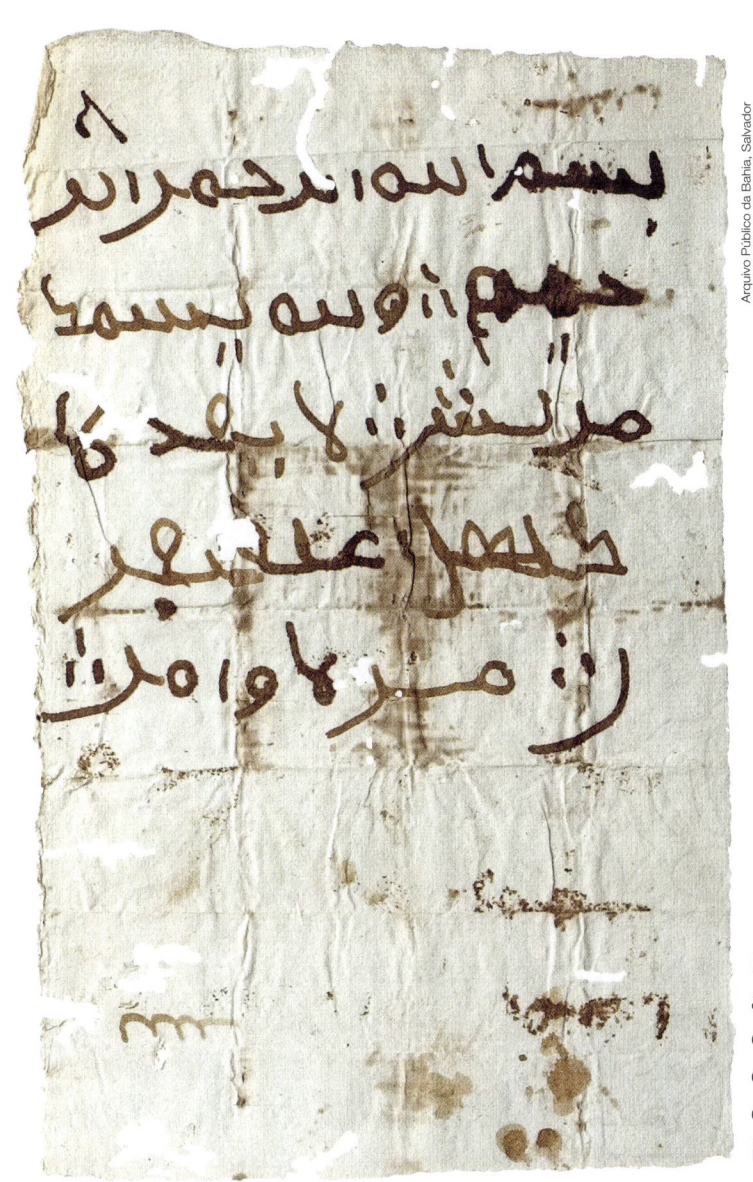

Documento apreendido com o escravo Nagô Lúcio durante a Revolta dos Malês, Salvador, BA, 1835.

Os revoltosos desejavam tomar o governo da Bahia, e para isso lutaram contra os soldados do governo, mas foram derrotados. Muitos morreram em combate. Outros foram presos e condenados a trabalhos forçados, à expulsão para outras terras e até à pena de morte.

ATIVIDADES

1. Assinale quem foram os participantes na Revolta dos Malês.

   ☐ Os soldados do governo que se juntaram aos revoltosos.

   ☐ Membros da elite local proprietária de terras.

   ☐ Escravizados e ex-escravizados de origem muçulmana.

Cabanagem (1835 a 1840)

Memorial da Cabanagem. Projetado pelo arquiteto Oscar Niemeyer, o monumento foi construído para as comemorações do sesquicentenário da Cabanagem, que ocorreu em 7 de janeiro de 1985. Belém, capital do estado do Pará.

Esse conflito ocorreu na província do Grão-Pará (local dos atuais estados do Pará, Amapá, Roraima e parte do Amazonas). Seus participantes, os cabanos, eram pessoas pobres que viviam em cabanas próximas dos rios. A maioria era afrodescendente, indígena e mestiça. Eles eram explorados por fazendeiros e lutavam pela distribuição de terras e pelo fim da escravidão. Alguns fazendeiros, que queriam o direito de escolher o presidente da província, também participaram da rebelião.

Os revoltosos chegaram a decretar a República Paraense, mas foram derrotados e punidos por tropas do governo.

ATIVIDADES

1 Pensando nas pessoas que participaram dessa revolta, por que ela é diferente da Revolta dos Malês?

___
___
___

Farroupilha (1835 a 1845)

Também conhecida como Revolução dos Farrapos, foi a mais longa **guerra civil** brasileira. Os conflitos ocorreram nas províncias do Rio Grande do Sul e de Santa Catarina. Os criadores de gado, revoltados com os altos impostos que o governo cobrava sobre o **charque**, principal produto da região, exigiam a demissão do presidente da província do Rio Grande do Sul. Os rebeldes, chefiados por Bento Gonçalves, dominaram Porto Alegre e proclamaram a República de Piratini, em 1836.

Depois conquistaram Laguna, na província de Santa Catarina, e ali proclamaram a República Juliana. No ano de 1845, um acordo feito entre Duque de Caxias, líder das tropas imperiais, e os líderes farroupilhas encerrou o conflito. Os revoltosos foram **anistiados** e o imposto sobre o charque foi reduzido.

GLOSSÁRIO

Anistiado: pessoa que recebeu perdão por delitos políticos.
Charque: carne-seca.
Guerra civil: conflito entre grupos de um mesmo estado ou país.

Guilherme Litran. *Carga de cavalaria*, 1893. Óleo sobre tela.

ATIVIDADES

1 A Farroupilha costuma ser considerada uma revolta bem diferente das revoltas que aconteceram no Período Regencial. Por quê?

___
___
___

Sabinada (1837 a 1838)

A revolta, chefiada pelo médico Francisco Sabino, ocorreu em razão da crise econômica na Bahia e do descaso das autoridades imperiais em relação à província.

Participaram da Sabinada profissionais liberais (médicos, advogados e jornalistas), pequenos comerciantes, funcionários públicos, artesãos e militares, além de fazendeiros e escravos, que eram contrários à concentração de poder do Império e reivindicavam maior autonomia política para a província da Bahia.

Os rebeldes proclamaram a República Bahiense, que permaneceu até a maioridade do príncipe Pedro de Alcântara. Mas o projeto não deu certo: em 1838, a revolta foi duramente reprimida pelo Exército imperial, com a prisão e a execução de muitos rebeldes.

Balaiada (1838 a 1841)

Esse movimento aconteceu nas províncias do Maranhão e do Piauí. Dele participou a camada mais pobre da população: vaqueiros, sertanejos e escravos que lutavam contra a miséria, a escravidão, os maus-tratos e a exploração pelos grandes proprietários rurais. O nome da revolta originou-se de um de seus líderes, Manoel Francisco dos Anjos Ferreira, que fazia balaios – cestos de palha – para vender.

Os balaios, como eram chamados os participantes da Balaiada, chegaram a tomar a cidade de Caxias, no Maranhão, mas foram vencidos pelas tropas comandadas por Luís Alves de Lima e Silva, que mais tarde receberia o título de Duque de Caxias.

Jules Laurens e Victor Frond. *Fabricantes de balaios*, 1861.

ATIVIDADES

1 Organize as fases em ordem numérica para explicar a Balaiada.

☐ Os revoltosos foram comandados por Manoel Francisco dos Anjos Ferreira.

☐ População pobre submetida à miséria, escravidão, maus-tratos e exploração.

☐ As tropas do governo venceram os balaios.

☐ Os balaios tomaram a cidade de Caxias.

2 Escolha uma das revoltas do Período Regencial e escreva as informações pedidas a seguir.

a) Nome da revolta: _____

b) Onde ocorreu: _____

c) Quando ocorreu: _____

d) Principais causas: _____

e) Como terminou: _____

3 Selecione outra revolta do Período Regencial, compare-a com a revolta da atividade anterior e faça o que se pede.

a) Aponte uma semelhança entre as duas revoltas.

_____

b) Aponte uma diferença entre as duas revoltas.

_____

4 Em muitas revoltas do Período Regencial, ricos e pobres lutaram juntos contra o governo. Em sua opinião, todos lutavam pelos mesmos objetivos? Justifique.

_____
_____
_____
_____

PEQUENO CIDADÃO

A liberdade religiosa

Além de lutar pelo fim da escravidão e por melhores condições de vida, muitos africanos escravos e libertos também lutavam por liberdade religiosa.

No Brasil Imperial, a única religião aceita e garantida pela Constituição de 1824 era o catolicismo. Atualmente, no Brasil, as diferentes práticas religiosas são protegidas pela Constituição de 1988.

Apesar de a Constituição garantir a liberdade de culto, muitos casos de discriminação religiosa ainda ocorrem no Brasil. As cerimônias ecumênicas envolvem pessoas de diferentes religiões e contribuem para melhorar as relações e o respeito entre elas.

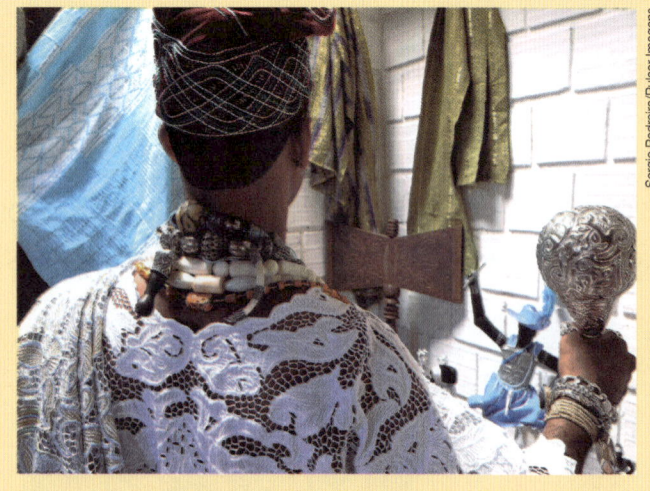

Ritual de religião afro-brasileira.

Missa em igreja católica.

Cerimônia em igreja protestante.

1 Que práticas religiosas você percebe ou sabe que existe na região onde mora?

_____
_____
_____
_____
_____
_____

2 Em sua região, as diferentes práticas religiosas são respeitadas? Explique sua resposta.

_____
_____
_____
_____
_____
_____

3 Na sua opinião, por que a liberdade religiosa deve ser assegurada a todos?

O fim do Período Regencial

François René Moreaux. *O ato da coroação do imperador D. Pedro 2º*, 1842. Óleo sobre tela, 2,38 cm × 3,10 cm. Pedro de Alcântara foi coroado imperador em 18 de julho de 1841 com o título de Dom Pedro 2º.

Museu Imperial, Petrópolis

O Período Regencial foi marcado por dificuldades econômicas e muitas tensões políticas, agravadas pelo grande número de revoltas. Com o objetivo de evitar que o Brasil fosse dividido em vários países menores, membros dos principais partidos políticos da época – o Partido Conservador e o Partido Liberal – consideraram que a monarquia poderia estabilizar o país.

Em 1840, ocorreu um movimento político que defendia a nomeação de Pedro de Alcântara para imperador. Muitos políticos estavam insatisfeitos com o governo regencial de Araújo Lima, o Marquês de Olinda. Contudo, o monarca ainda tinha 14 anos de idade; de acordo com a Constituição, o governante da nação deveria ter no mínimo 18 anos para ocupar esse cargo.

A solução encontrada pelos opositores do regente foi elaborar um projeto de lei que permitisse a coroação de Pedro de Alcântara antes que ele completasse 18 anos. O futuro imperador foi consultado e concordou com a proposta. Assim, em julho de 1840 foi decidido que Pedro de Alcântara assumiria o governo, tornando-se o segundo imperador do Brasil. Esse ato ficou conhecido como Golpe da Maioridade, pois antecipou a maioridade do monarca e o declarou habilitado a exercer o cargo de imperador.

ATIVIDADES

1 Complete as frases com os termos corretos.

> Período Regencial   maioridade   Dom Pedro 2º   monarca

a) Em meio a muitas revoltas, os políticos do Período Regencial pensaram que o governo de um _____ poderia tranquilizar a população.

b) Em 1840 foi aprovado o projeto de lei que determinava a _____ do príncipe herdeiro, Pedro de Alcântara.

c) O _____ terminou com o Golpe da Maioridade.

d) O novo imperador do Brasil recebeu o título de _____.

2 Pedro de Alcântara, desde pequeno, sabia que seria governante do Brasil. Esta é uma característica da monarquia: os filhos substituem os pais e o poder permanece na família real. Atualmente, o regime de governo do Brasil não é mais monarquia. Como as pessoas chegam ao governo?

_____
_____
_____
_____

3 Com a alteração da lei de maioridade, Dom Pedro 2º foi declarado apto a assumir o governo aos 14 anos. Para você, uma pessoa com essa idade tem condições e preparo para governar um país? Justifique sua resposta.

_____
_____
_____
_____

4 Na sua opinião, quais devem ser as principais características de um bom governante? Compare sua resposta com as dos colegas.

_____

_____

_____

5 Observe as imagens e faça o que se pede.

1 Armand Julien Pallière. *Dom Pedro 2º, menino*, c. 1830. Guache sobre papel, 0,450 m × 0,390 m.

2 Félix-Émile Taunay. *Retrato de Sua Majestade, o Imperador D. Pedro 2º*, 1835. Óleo sobre tela, 0,900 m × 0,660 m.

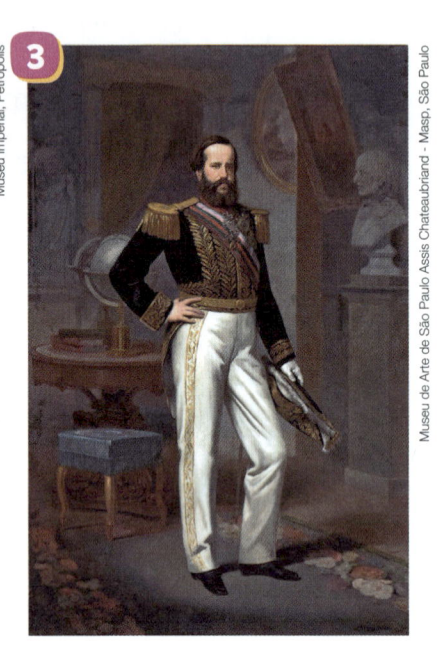

3 Victor Meirelles. *Dom Pedro 2º, 1864*. Óleo sobre tela, 2,52 m × 1,65 m.

a) Quem é a pessoa retratada nas três obras?

_____

b) Quais são as semelhanças entre a segunda e a terceira imagem?

_____

_____

c) Pesquise as fotografias oficiais dos últimos presidentes do Brasil e aponte uma semelhança entre os trajes usados por eles e pelo monarca.

_____

_____

O SEGUNDO REINADO

UNIDADE 8

Fonte: Cláudio Vicentino. *Atlas histórico: geral e do Brasil*. São Paulo: Scipione, 2011. p. 129.
No século 19, foram construídas ferrovias para acelerar o transporte de pessoas e mercadorias, sobretudo entre as regiões produtoras de café e o litoral. Grande parte do café era transportado por locomotivas até o Porto de Santos, de onde era vendido para outros países.

O Segundo Reinado corresponde ao período em que Dom Pedro 2º governou o Brasil (de 1840 a 1889).

Nessa época, o país envolveu-se em conflitos externos, mas também houve melhorias na condição econômica e na estrutura das cidades, sobretudo por causa dos lucros obtidos com a venda de café para o exterior. Foi inaugurada a primeira estrada de ferro brasileira. A intenção era tornar o transporte de cargas mais fácil, reduzindo custos e perdas que aconteciam durante a movimentação dos locais de produção para os pontos de venda ou de embarque. Elas ajudaram bastante o comércio de bens agrícolas, em especial o café; outras melhorias foram as instalações de redes de esgoto e de água encanada e a fundação de escolas, bibliotecas e museus.

Transformações no Brasil (1821-1890)

Além de mudanças nas cidades, novas tecnologias surgiram, e aparelhos como telefones e máquinas fotográficas passaram a ser utilizados.

Ao longo desse período, houve também a intensificação do fluxo de pessoas vindas de regiões distintas do mundo, em especial do que hoje são Itália, Alemanha e Espanha, além de grupos vindos do que hoje são Suíça, Polônia, Líbano, Síria, além de outros países.

Telefone de 1870.

Com a vinda de pessoas de culturas tão diferentes, a nação brasileira foi se tornando cada vez mais diversificada. A vida cultural, comercial e religiosa foi sendo construída em meio a uma diversidade de ideias e costumes.

O desenvolvimento tecnológico e o aumento populacional ajudaram a mudar os meios de comunicação. Com o aumento das cidades, mais e mais pessoas passavam a consumir publicações impressas, como jornais e revistas. Assim, esses meios de comunicação se tornavam muito importantes nas discussões sociais e políticas cotidianas, como as que apoiaram a proibição da escravidão no Brasil.

Imigrantes europeus posando para fotografia no pátio central da Hospedaria dos Imigrantes de São Paulo, c. 1890.

ATIVIDADES

1 Qual foi a solução encontrada para transportar os produtos brasileiros até os navios que os levariam para o exterior?

A economia cafeeira

No Segundo Reinado houve grande expansão das fazendas de café, que se tornou o principal produto da economia brasileira. As principais áreas de cultivo de café eram o Vale do Paraíba (entre Rio de Janeiro e São Paulo) e a região oeste de São Paulo.

As cidades dessas regiões se desenvolveram muito no período, sobretudo após a instalação de ferrovias destinadas ao transporte do produto. No fim do Período Imperial, mais da metade do valor das exportações do país era de café.

Produtos de exportação do Brasil (1821-1890)

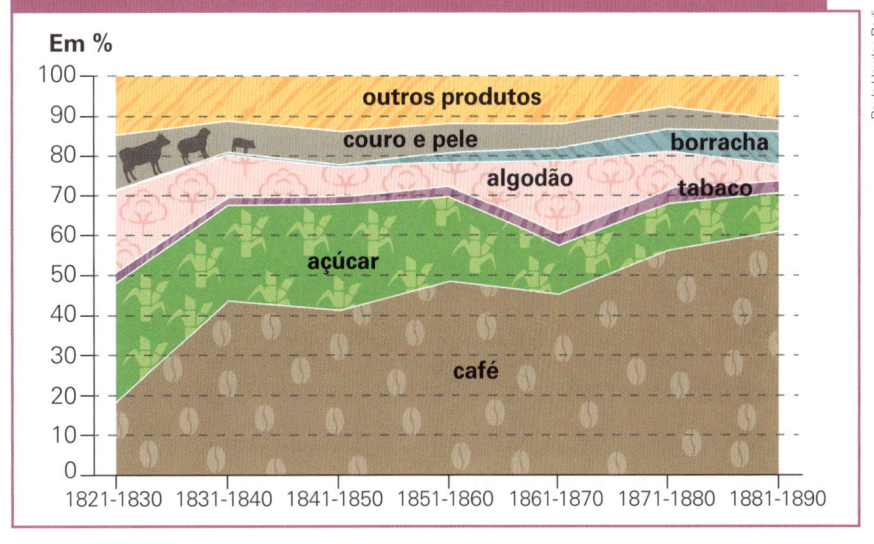

Fonte: Olivier Dabène e Frédéric Louault. *Atlas du Brésil: promesses et défis d'une puissance émergente*. Paris: Autrement, 2013. p. 17.

Podemos observar no gráfico que, ao longo do século 19, a exportação de café aumentou em ritmo acelerado. Em 1890, ela correspondia a cerca de 60% do volume total exportado pelo país.

BRINCANDO

1 Desembaralhe as sílabas e descubra o nome de um veículo ferroviário que trafegou no Brasil entre 1854 e 1884.

A "Baroneza" foi o primeiro trem a vapor do Brasil. Atualmente ela faz parte do acervo do Museu do Trem, no município do Rio de Janeiro.

VA MO LO CO TI

A Guerra do Paraguai

Na região em que os territórios de Brasil, Argentina e Paraguai se encontram, o Rio Paraná marca a divisa entre Brasil e Paraguai; já o Rio Iguaçu marca a divisa entre Argentina e Brasil.

Essa região foi muito disputada no período do Segundo Reinado, pois os rios eram usados no transporte de diversas mercadorias. Os paraguaios tinham dificuldade em transportar seus produtos porque não havia uma saída para o mar em seu país.

Esses rios delimitam os territórios de Brasil, Argentina e Paraguai. Foz do Iguaçu, Paraná.

Com o objetivo de expandir o território paraguaio, em 1864 o presidente Solano Lopez ordenou a invasão do Brasil e da Argentina. No caso brasileiro, o Paraguai invadiu a província de Mato Grosso.

O Brasil reagiu e, unindo-se à Argentina e ao Uruguai, assinou o Tratado da Tríplice Aliança contra o Paraguai.

No início, o Exército brasileiro era composto de soldados e voluntários; mas, com o tempo, o recrutamento forçado passou a ser utilizado, incluindo escravizados, a quem era prometida a liberdade após o fim do conflito.

A guerra acabou em 1870 com a derrota dos paraguaios, que perderam grande parte de sua população nas batalhas. No Brasil também houve grandes perdas; muitas pessoas morreram e dívidas foram contraídas, sobretudo com os ingleses.

Ilustração de Angelo Agostini sobre a Guerra do Paraguai publicada na revista *A Vida Fluminense*, em 1870.

> **SAIBA MAIS**

A Ponte da Amizade

Quase cem anos após o fim do conflito entre brasileiros e paraguaios, foi construída uma ponte sobre o Rio Paraná ligando o Brasil ao Paraguai. Iniciada em 1956 e inaugurada em 1965, a obra recebeu o nome de Ponte da Amizade.

Ponte da Amizade, que liga Brasil e Paraguai, em Foz do Iguaçu, Paraná.

ATIVIDADES

1 Para você, o que uma ponte pode representar?

_____
_____
_____

2 Em sua opinião, a escolha do nome da ponte foi positiva? Justifique sua resposta.

_____
_____
_____

ATIVIDADES

1 Assinale as alternativas que correspondem aos motivos que levaram à Guerra do Paraguai.

a) ☐ O Paraguai queria expandir seu território.

b) ☐ O Uruguai invadiu a província de Mato Grosso.

c) ☐ Os africanos escravizados não conseguiram a liberdade prometida.

d) ☐ Havia disputa pelo uso dos rios para transporte de mercadorias.

2 Circule o nome dos países que compuseram a Tríplice Aliança.

> Brasil   Argentina   Paraguai   Uruguai
> Bolívia   Peru   Colômbia

3 Muitos escravos receberam a promessa de liberdade após o fim da Guerra do Paraguai. Em sua opinião, esse acordo de libertação era vantajoso para os escravos? Por quê?

_____
_____
_____
_____

4 Observe a imagem e reflita sobre o que você aprendeu a respeito da Guerra do Paraguai. Na sequência, escreva o que você compreendeu das consequências sociais, políticas e econômicas para o Paraguai após o intenso conflito.

_____
_____

Juan Manuel Blanes. *A paraguaia*, 1879.

A questão da escravidão

A escravidão passou a ser combatida, a partir do século 19, em diversos lugares do mundo. No Brasil, essa questão dividia opiniões.

De um lado, havia pessoas que desejavam o fim do trabalho escravo: escravos, ex-escravos, escritores, jornalistas e outros profissionais. De outro, os que desejavam a permanência da escravidão: fazendeiros e comerciantes de escravos, pois lucravam muito com aquele tipo de trabalho.

O grupo que defendia a **abolição** da escravidão ficou conhecido como abolicionista.

GLOSSÁRIO

Abolição: extinção; término.

Capa da *Revista Illustrada*, uma das primeiras publicações abolicionistas do país. Os abolicionistas organizaram diversas publicações, que contavam com charges, caricaturas e artigos em defesa da libertação dos escravos, divulgando também eventos a favor da abolição da escravidão.

As leis contra a escravidão

O grupo dos abolicionistas pressionava o governo imperial pelo fim da escravidão. Além disso, países como a Inglaterra também pressionavam o Brasil pela mesma razão, pois vendiam seus produtos no país e desejavam que mais pessoas tivessem dinheiro para comprá-los.

Com o objetivo de diminuir as pressões, o governo imperial passou a aprovar leis que combatiam a exploração do trabalho escravo.

1850	1871	1885
Lei Eusébio de Queiroz	**Lei do Ventre Livre**	**Lei dos Sexagenários**
Proibia o transporte de pessoas da África para trabalhar como escravos no Brasil.	Tornava livres os filhos de escravos nascidos a partir daquela data.	Tornava livres os escravos que completassem 60 anos de idade.

O desejo dos escravos e abolicionistas finalmente foi atendido em 13 de maio de 1888, quando a princesa Isabel, filha de Dom Pedro 2º, assinou a Lei Áurea, que tornou livres todos os escravos.

A libertação dos escravos não foi acompanhada de nenhuma **reparação**. Os libertos não receberam terras nem tiveram acesso à educação escolar, como propunham os projetos abolicionistas. Passaram a habitar as regiões mais pobres das cidades e recebiam baixos salários por seu trabalho. Assim, permaneceram vivendo com dificuldade, vítimas de discriminação.

Primeira página do jornal *Gazeta de Notícias*, de 14 de maio de 1888, anunciando a Lei Áurea.

GLOSSÁRIO

Reparação: correção de algo considerado injusto.

SAIBA MAIS

Liberdade

No período da escravidão, muitas pessoas deixavam de ser escravas por meio de uma **carta de alforria**.

As cartas de alforria podiam ser cedidas pelos senhores aos escravos ou ser compradas. Alguns conseguiam juntar dinheiro até que pudessem comprar a própria liberdade; outros tornavam-se livres quando seus antigos proprietários assim decidiam.

Gravura de Debret, do século 19, registrando escravizados e ex-escravizados trabalhando como vendedores ambulantes nas ruas das cidades brasileiras.

ATIVIDADES

1) A Lei dos Sexagenários concedia liberdade aos escravos com mais de 60 anos. Se você fosse um desses escravos, como imagina que se sentiria? E o que faria?

_____

_____

BRINCANDO

1) Leia as frases e escreva a primeira letra do nome de cada imagem para decifrar os enigmas.

a) Prática de trabalho combatida no Brasil e no mundo no começo do século 19.

__E__ S __C__ __R__ __A__ V __I__ __D__ Ã __O__

b) Desejo dos escravos.

__L__ __I__ __B__ E R __D__ __A__ D __E__

c) Ação que proibiu a escravidão.

A __B__ __O__ __L__ __I__ Ç Ã __O__

BRINCANDO DE HISTORIADOR

1 No Segundo Reinado, além dos tradicionais jornais de circulação semanal, o telégrafo se destacou nos últimos anos do período. Para conhecer mais sobre seu funcionamento e importância, junte-se com três colegas e pesquisem sobre o telégrafo no século 19 no Brasil. Para isso, comecem lendo o trecho a seguir, depois respondam às questões.

A telegrafia foi o primeiro meio de comunicação verdadeiramente moderno, depois rapidamente vieram a telefonia, o rádio, a televisão, a transmissão por cabo e satélite e, obviamente, a internet.

Marc Raboy e Marcelo Solervincens. Meios de comunicação. *In*: Alain Ambrosi, Valérie Peugeot e Daniel Pimienta (org.). *Desafios de palavras*. Paris: C & F Éditions, 2005. Disponível em: https://vecam.org/archives/article684.html. Acesso em: 8 jul. 2020.

a) O que todos esses meios de comunicação têm em comum?

_____
_____

b) Em sua opinião, por que os autores afirmaram que o telégrafo foi o primeiro meio de comunicação moderno?

_____
_____
_____

2 Pesquisem e, posteriormente, expliquem o funcionamento do telégrafo. Concentrem-se no modelo de código Morse, o mais comum.

_____
_____
_____
_____

3 No Brasil, a primeira linha de telégrafo elétrico foi instalada em 1852, na capital do Império, a cidade do Rio de Janeiro. Vejam o que uma autoridade da época afirmou sobre esse evento.

Tenho o prazer de anunciar-vos, que dentro de pouco tempo se acharão em exercício os telégrafos elétricos, e ainda que sobre linhas de pequena extensão, considero de grande importância este primeiro ensaio de tão prodigiosa descoberta. A comunicação dos pensamentos, das ordens, das notícias já não encontra demora na distância.

Relatório do ministro Eusébio de Queiroz Mattoso, ministro e secretário do Estado, apresentado em 1850.

a) Por que o telégrafo foi importante?

_____

b) Qual meio de comunicação utilizado hoje em dia por bilhões de pessoas em todo o mundo tem a mesma função do telégrafo?

_____

c) Citem duas diferenças entre o telégrafo e esse meio de comunicação atual.

_____
_____
_____
_____

ATIVIDADES

1) Quem eram os principais compradores de escravos no Brasil do século 19?

_____

2) Que campanha contribuiu para o fim da escravidão?

_____

3) Segundo a Lei do Ventre Livre, os filhos de escravas que nascessem a partir de 1871 eram considerados livres. Em sua opinião, essa lei favoreceu as crianças que nasciam naquela época? Por quê?

_____
_____

A imigração no século 19

A redução do número de trabalhadores escravos contribuiu para que desembarcassem no Brasil **imigrantes** de diferentes nacionalidades. A maioria deles eram pessoas pobres que vinham em busca de trabalho e melhores condições de vida nas cidades e fazendas. Entre os imigrantes havia alemães, italianos, sírios, libaneses, turcos, poloneses, espanhóis e portugueses.

GLOSSÁRIO

Imigrante: pessoa que passa a viver em outro país que não o seu de origem.
Lavoura: cultivo; produção.

No Brasil, os imigrantes passaram a se dedicar a várias atividades econômicas, com destaque para a **lavoura** cafeeira em São Paulo, onde havia maior necessidade de mão de obra. Eles trouxeram para o Brasil diferentes costumes que foram incorporados à nossa cultura, como o consumo de massas, dos italianos, e de quibes e esfirras, dos árabes.

Em troca de seu trabalho, os imigrantes recebiam salário ou terra para construir moradia, cultivar alimentos e criar animais.

Além de São Paulo, onde se localizavam a maioria das fazendas de café, muitos imigrantes se estabeleceram no sul do Brasil, sobretudo alemães, poloneses, portugueses e italianos.

Imigrantes europeus (provavelmente italianos) no pátio da Hospedaria dos Imigrantes. São Paulo, c. 1900. A principal função da Hospedaria dos Imigrantes, fundada em 1887, era promover a inclusão dos imigrantes na cidade e encaminhá-los para trabalhar na agricultura, em especial nas lavouras de café.

ATIVIDADES

1 Observe a imagem e responda no caderno: Que grupos de pessoas estão representados na ilustração?

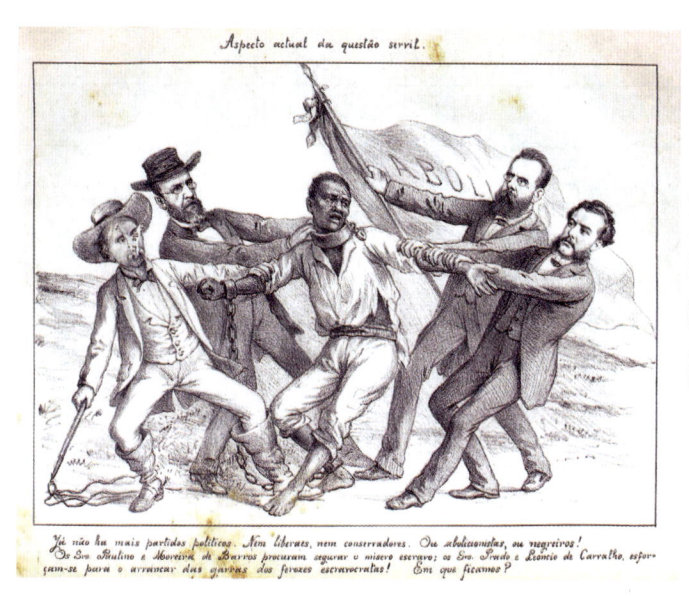

Ilustração de Angelo Agostini publicada em *Revista Illustrada*, em 19 de novembro de 1887.

2 Observe o gráfico a seguir e responda às questões.

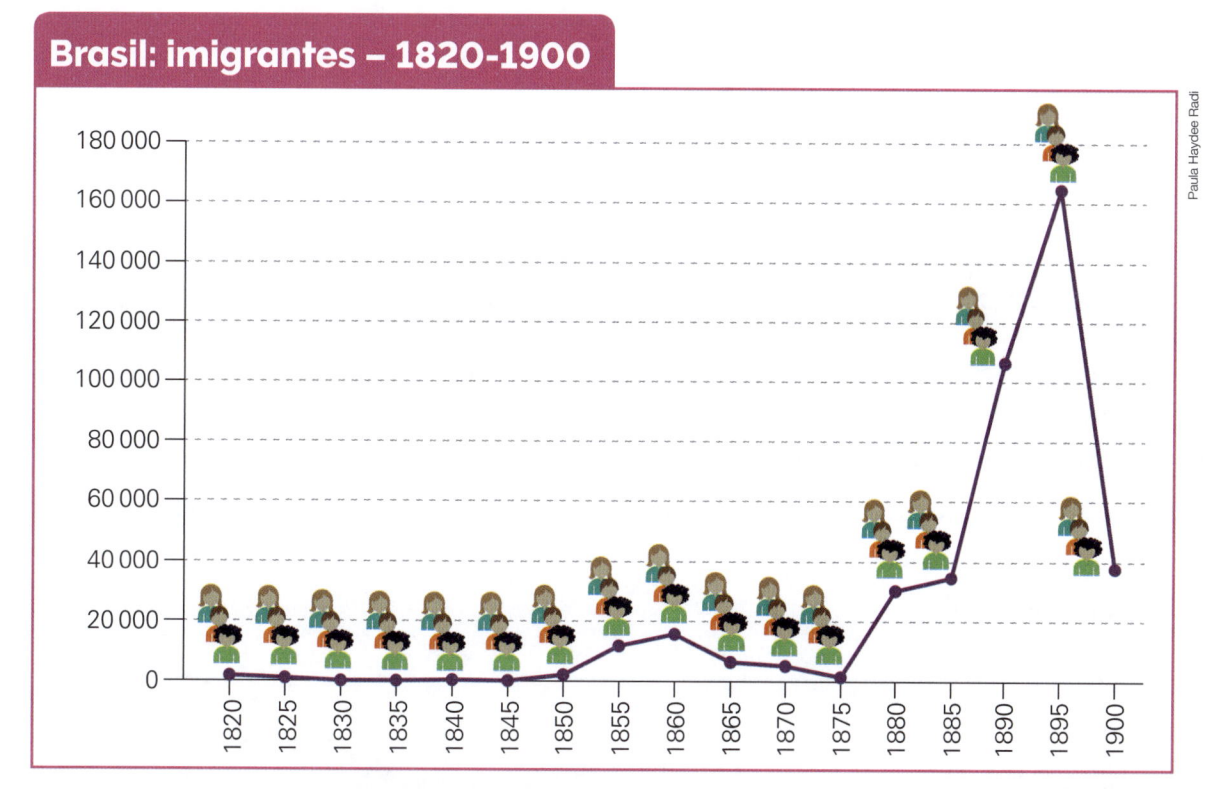

Brasil: imigrantes – 1820-1900

Fonte: IBGE. Apêndice: estatísticas de 500 anos de povoamento do Brasil. *In*: IBGE. *Brasil: 500 anos de povoamento*. Rio de Janeiro: IBGE, 2000. p. 225.

a) O gráfico mostra uma mudança entre 1850 e 1860. Que mudança é essa?

_____

_____

b) Com base no que você estudou, o que pode explicar essa mudança?

_____

_____

c) Em que período a maioria dos imigrantes chegou? O que pode explicar a vinda de tantas pessoas para o Brasil nesse período?

_____

_____

_____

3 Na região em que você mora há alguma colônia de imigrantes? Qual?

_____

_____

_____

4 Escreva **V** para verdadeiro e **F** para falso.

☐ Com a redução do número de imigrantes, muitos escravizados chegaram ao Brasil.

☐ Grande parte dos imigrantes trabalhava nas plantações de café.

☐ A maioria dos imigrantes era composta de pessoas ricas.

5 Os imigrantes trouxeram muitos costumes de culturas variadas, como alimentos característicos de seu país de origem. Em casa, pesquise o nome de pratos típicos de cada país indicado a seguir e escreva-os no espaço correspondente.

Itália: _____

Japão: _____

Portugal: _____

PEQUENO CIDADÃO

A integração dos negros na sociedade brasileira

Com a Lei Áurea, a escravidão chegou ao fim e todos se tornaram iguais perante a lei. No entanto, a lei não deu garantias às pessoas libertas de que seriam integradas à sociedade brasileira.

Sem terra para plantar ou qualquer tipo de indenização pelo tempo de trabalho forçado, muitos ex-escravos continuaram vítimas de preconceito e permaneceram nas fazendas trabalhando pela sobrevivência.

Os que viviam nas cidades trabalharam como ambulantes ou faziam apenas serviços pesados.

As condições de vida no novo país também não foram fáceis para os imigrantes europeus e asiáticos. Entretanto, muitos receberam terras ou já vieram com a promessa de receber salário por seu trabalho. Além disso, a maioria das pessoas que vieram ao Brasil após a libertação dos escravos não sofreram discriminação racial, o que possibilitou seu acesso à educação e facilitou sua busca por trabalho, tanto nas fazendas como nas cidades.

Príncipe Dom Luiz com o banhista Sant'Anna, que o ensinou a nadar na Praia do Flamengo, em 1907. Pode-se observar pelas roupas e pela postura de ambos que a situação dos negros não se modificou muito no Brasil com a Abolição da Escravidão.

ATIVIDADES

1 Em sua opinião, quais ações deveriam ter sido tomadas para que a condição de vida e de trabalho dos ex-escravos fosse melhor após o fim da escravidão?

_____

_____

2 Você considera que o Brasil já superou o preconceito racial e oferece igualdade de oportunidade a todos no mercado de trabalho? Justifique.

_____
_____

3 Observe a imagem ao lado. Ela mostra uma fotografia tirada no dia 13 de maio de 1888, dia da Abolição da Escravidão no Brasil. Se você pudesse voltar no tempo, qual seria sua mensagem para essas pessoas?

_____
_____
_____

Missa campal celebrada pela Abolição da Escravatura no Brasil. Rio de Janeiro, Rio de Janeiro, 1888.

_____
_____
_____

4 A imagem mostra um encontro realizado em 2018 para marcar os 130 anos da Abolição da Escravidão, celebrados naquele ano.

a) Que tipo de evento você acha que essa imagem mostra?

☐ Um protesto.

☐ Um debate.

☐ Uma festa.

Instituto Identidades do Brasil promove entrega do prêmio ID-BR pela igualdade racial. Rio de Janeiro, Rio de Janeiro, 2018.

b) Por que esse tipo de evento é importante?

_____
_____
_____

BRINQUE MAIS

1) Chegou a hora de abrir a cápsula do tempo que você e seus colegas criaram no início do ano. Depois de abri-la, converse com eles sobre o que mudou, o que permaneceu e o que mais o conteúdo da cápsula pode revelar sobre vocês.

2) Assinale a alternativa que contém as palavras que completam as frases corretamente.

a) Como um _____, o historiador investiga os _____ que o ajudarão a compreender as ações _____ ao longo do _____.

- ☐ arqueólogo / vestígios / naturais / mundo
- ☐ detetive / vestígios / humanas / tempo
- ☐ detetive / homens / naturais / tempo
- ☐ arqueólogo / homens / humanas / mundo

b) Para conhecer o _____, o historiador analisa e interpreta os vestígios deixados pelos _____. Por isso podemos afirmar que praticamente tudo que foi _____ pelos seres humanos pode ser considerado uma _____ histórica.

- ☐ presente / animais / descoberto / descobertas
- ☐ passado / animais / encontrado / conquistas
- ☐ passado / seres humanos / criado / fonte
- ☐ presente / seres humanos / descoberto / conquista

BRINQUE MAIS

3 Ligue cada tipo de fonte histórica à imagem a ela correspondente.

fonte escrita

fonte oral

fonte visual

fonte material

4 Você se preocupa em preservar alguma fonte histórica? Em caso afirmativo, registre que fonte e como faz essa preservação.

_____

_____

BRINQUE MAIS

5 Circule os itens que são estudados pelos arqueólogos.

6 Observe os personagens à esquerda. Ligue-os às atividades da direita que você acha que cada um pode fazer.

7 Pinte a parte da América que, segundo o Tratado de Tordesilhas, pertencia a Portugal.

BRINQUE MAIS

8 Escreva **V** para verdadeiro e **F** para falso nas afirmações a seguir, e depois faça o que se pede.

☐ A descoberta de ouro favoreceu o crescimento da população na região das minas.

☐ Com a Casa de Mineração, o governo português criou uma nova cobrança de impostos sobre a mineração.

☐ A população que vivia da mineração não aceitava a cobrança de novos impostos, por isso entrou em conflito com o governo.

☐ A partir da metade do século 18, as atividades de mineração foram reduzidas e o povo não conseguia pagar os altos impostos ao governo.

☐ A Conjuração Mineira foi um movimento que contestava o domínio português em Minas Gerais.

☐ Os conflitos em Minas Gerais aconteceram na região de Vila Dourada, próximo a Vila Diamantina.

▪ Agora corrija as afirmações que você indicou como falsas.

_____
_____
_____

9 Explique o que era o evento chamado de derrama.

_____
_____
_____
_____

10 Leia a frase e escreva a primeira letra do nome de cada imagem para decifrar o enigma.
Continente de onde vinham as pessoas escravizadas para trabalhar no Brasil.

Á ____ ____ I ____ ____

11 Escreva a primeira letra do nome de cada desenho e descubra três razões que motivaram os conflitos no nordeste do Brasil durante os séculos 17 e 18.

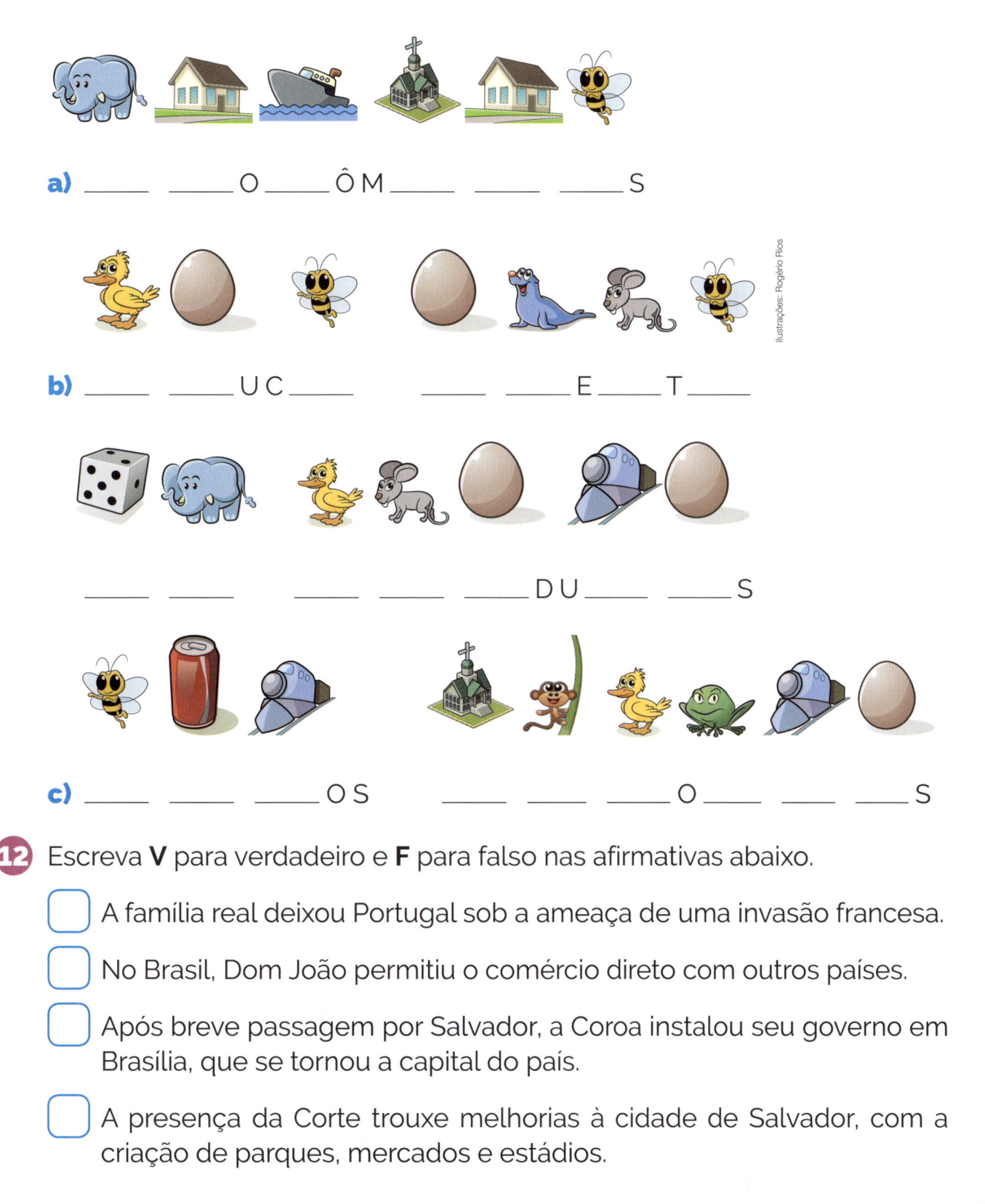

a) ____ ____ O ____ Ô M ____ ____ ____ S

b) ____ ____ U C ____ ____ ____ E ____ T ____

____ ____ ____ ____ D U ____ ____ S

c) ____ ____ O S ____ ____ ____ O ____ ____ ____ S

12 Escreva **V** para verdadeiro e **F** para falso nas afirmativas abaixo.

☐ A família real deixou Portugal sob a ameaça de uma invasão francesa.

☐ No Brasil, Dom João permitiu o comércio direto com outros países.

☐ Após breve passagem por Salvador, a Coroa instalou seu governo em Brasília, que se tornou a capital do país.

☐ A presença da Corte trouxe melhorias à cidade de Salvador, com a criação de parques, mercados e estádios.

BRINQUE MAIS

13 Preencha o diagrama de palavras com as respostas das questões a seguir.

1. Que título Dom Pedro recebeu após a Independência?
_____

2. Qual é o nome da capital de Portugal, onde estava a corte de Dom João, pai de Dom Pedro?
_____

3. Qual é o nome da capitania em que, sob o domínio português, houve grande resistência à Independência do Brasil?
_____

4. O que Dom Pedro proclamou em 7 de setembro de 1822, tornando o Brasil livre do domínio de Portugal?
_____

14 Numere os acontecimentos relacionados abaixo na ordem em que eles ocorreram.

☐ Declaração de Independência do Brasil

☐ Criação do Reino de Portugal, Brasil e Algarves

☐ Dia do Fico

☐ Chegada da família real portuguesa ao Brasil

☐ Conflito pela independência da Bahia

15 Resolva os desafios matemáticos abaixo e descubra o significado da Independência para o Brasil.

Número	45	81	36	72	28	64	76	48	58	21	56	96	90
Letra	A	B	C	D	E	L	I	M	N	O	P	R	T

```
   9 9       4 9       4           3 6       9             2 0
 - 2 3     + 3 2     × 7         + 3 6     × 5           +   8
```
[L] [   ] [   ] [R] [   ] [   ] [D] [   ]

```
   2 0       3                   6 1       2 0       2 3
 + 3 6     × 7                 + 2 9     + 5 6     + 1 3
```
[   ] [   ] [L] [I] [   ] [   ] [   ] [A] [E]

```
   1 9       4         3 0                 5 3       6 2           2 6
 +   9     × 9       -   9               -   5     + 1 4         + 1 9
```
[   ] [   ] [   ] [N] [Ô] [   ] [   ] [C] [   ]

---

16 Você aprendeu que muitos monumentos históricos são também obras de arte.

Pesquise imagens desses monumentos e cole ao menos uma delas no espaço abaixo. Comente o significado dele com seus colegas e o professor.

BRINQUE MAIS

17 Complete o diagrama e revele o nome do país originado após a Guerra da Cisplatina.

1. Pessoa que abusa da autoridade.
2. Aquele que sofreu rejeição.
3. Ações que não são populares.
4. Forma de administração de um país.
5. Ação armada entre nações ou grupos.
6. Contrário de defesa.
7. Forma de governo em que uma região tem poder sobre a outra.

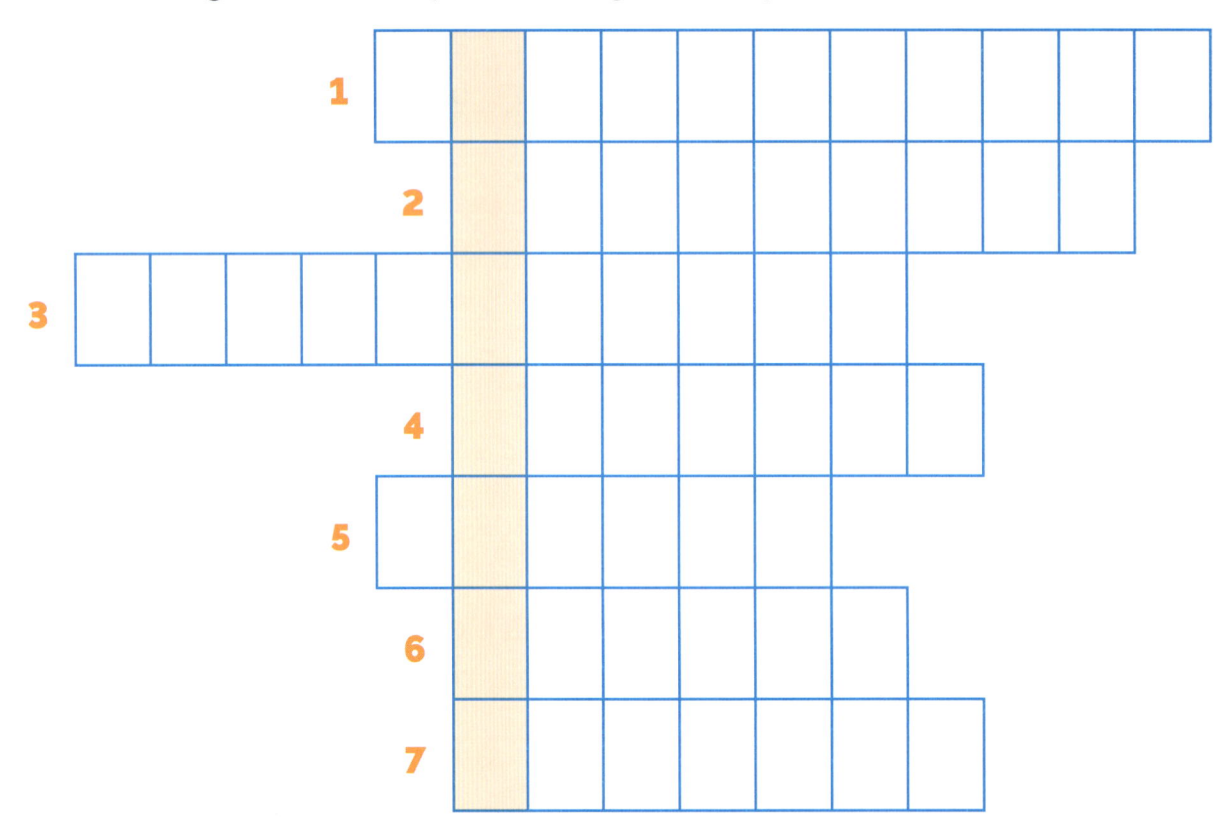

18 Com relação à Confederação do Equador, assinale as alternativas corretas:

a) Ela criticava a:
- ☐ Independência do Brasil.
- ☐ Independência da Bahia.
- ☐ Constituição de 1824.
- ☐ Guerra da Cisplatina.

b) Ela teve início na província:
- ☐ do Rio de Janeiro.
- ☐ de Pernambuco.
- ☐ do Amazonas.
- ☐ da Bahia.

19 Associe as revoltas do Período Regencial a seus protagonistas e suas reivindicações pintando os quadrinhos de acordo com as cores usadas nos nomes das revoltas.

Nome da revolta	Protagonistas	Reivindicações
Revolta dos Malês	Profissionais liberais, pequenos comerciantes, funcionários públicos, artesãos, militares, fazendeiros e escravos.	Demissão do presidente da província e diminuição do imposto sobre o charque.
Cabanagem	Camada mais pobre da população: vaqueiros, sertanejos e escravos.	Distribuição de terras, fim da escravidão e o direito de escolher o presidente da província.
Farroupilha	Escravos e afrodescendentes muçulmanos.	Autonomia política para a província da Bahia.
Balaiada	Afrodescendentes, indígenas e mestiços pobres e alguns fazendeiros.	Fim da escravidão, do preconceito e da exploração.
Sabinada	Criadores de gado.	Fim da miséria, da escravidão, dos maus-tratos e da exploração pelos grandes proprietários rurais.

20 As três imagens a seguir representam Dom Pedro 2º em diferentes etapas da vida. Assinale a imagem que representa a época em que o príncipe regente foi coroado imperador.

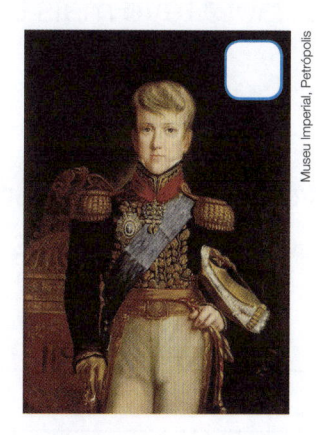

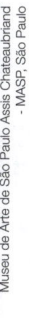

BRINQUE MAIS

21 De acordo com o ano e a descrição, escreva o nome das leis contra a escravidão publicadas no Brasil.

1850	1871	1885	1888
Proibia o transporte de africanos para trabalharem como escravos no Brasil.	Tornava livres os filhos de escravos nascidos a partir daquela data.	Tornava livres os escravos que completassem 60 anos.	Tornava livres todos os escravos.

22 Analise o gráfico a seguir e responda às questões.

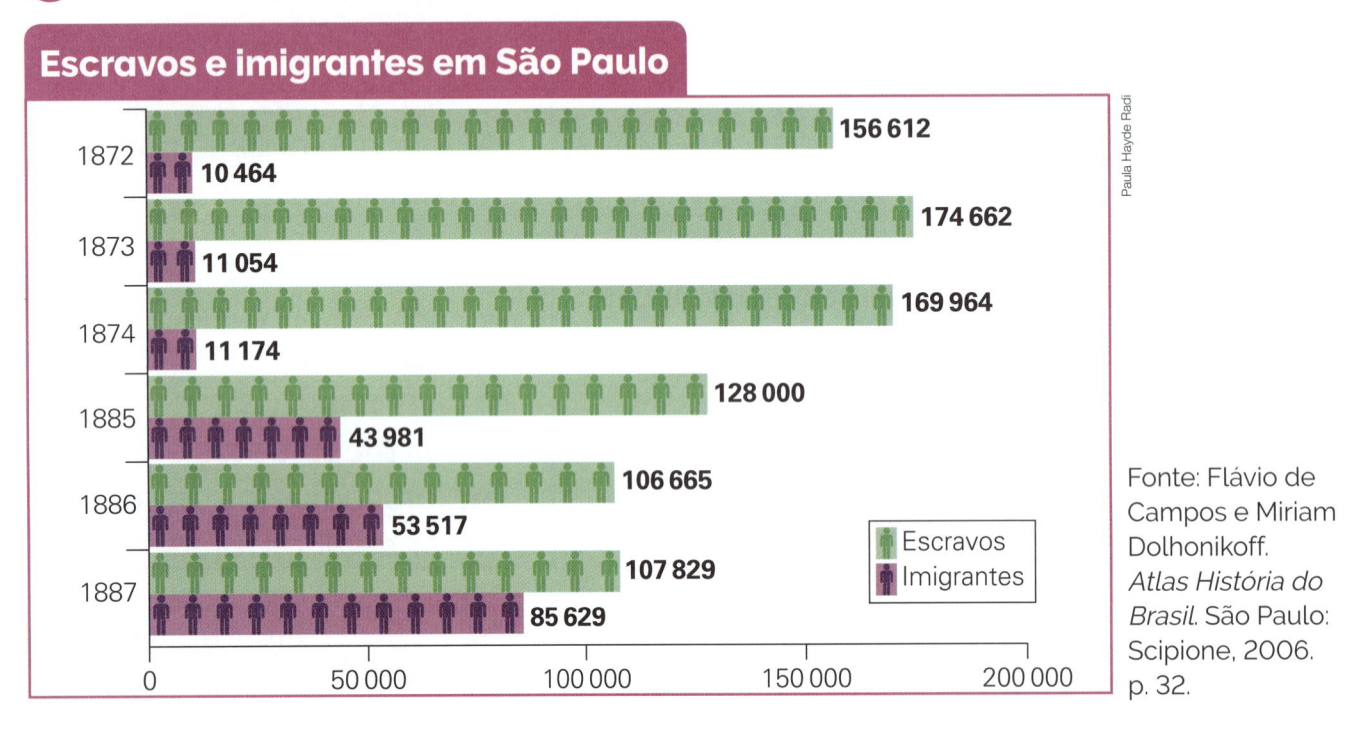

Escravos e imigrantes em São Paulo

- 1872: Escravos 156 612; Imigrantes 10 464
- 1873: Escravos 174 662; Imigrantes 11 054
- 1874: Escravos 169 964; Imigrantes 11 174
- 1885: Escravos 128 000; Imigrantes 43 981
- 1886: Escravos 106 665; Imigrantes 53 517
- 1887: Escravos 107 829; Imigrantes 85 629

Fonte: Flávio de Campos e Miriam Dolhonikoff. *Atlas História do Brasil*. São Paulo: Scipione, 2006. p. 32.

a) Entre 1872 e 1887, São Paulo teve mais trabalhadores escravos ou livres?

_____

_____

b) Se o tráfico de escravos da África ao Brasil foi proibido em 1850, como se explica o aumento de trabalhadores escravizados em São Paulo entre 1872 e 1873?

_____

_____

DATAS COMEMORATIVAS

DATAS COMEMORATIVAS

Dia Internacional da Mulher – 8 de março

A História, por muito tempo, foi contada e protagonizada por homens. Foram necessários séculos de luta para que as pessoas mudassem o modo de pensar e percebessem que as mulheres eram capazes de fazer as mesmas atividades que os homens e que tinham os mesmos direitos. Vamos conhecer uma dessas histórias.

Gina Vieira Ponte cresceu em uma família humilde e, por isso, sofreu muita discriminação na escola onde estudava. Para se proteger, ela adotou uma atitude que a tornava invisível. Ela só saiu dessa situação com a ajuda de uma professora que notou suas dificuldades e decidiu ajudar a menina a superá-las.

Gina Vieira. Brasília, Distrito Federal.

Quando Gina cresceu, tornou-se professora. Atualmente, ela ensina crianças de escolas públicas e incentiva as meninas a se valorizarem. Para isso, ela apresenta a seus alunos exemplos de mulheres que se destacaram na vida e que podem ser fontes de inspiração para suas alunas. Seu método de ensino já recebeu mais de dez prêmios nacionais e internacionais e vem sendo aplicado em dezenas de escolas.

DATAS COMEMORATIVAS

Malala Yousafzai levou um tiro na cabeça aos 14 anos por defender, em seu *blog*, os direitos das mulheres à educação. Recuperada, a paquistanesa se tornou um símbolo de força e resistência e, em 2014, foi a pessoa mais jovem a receber o Prêmio Nobel da Paz.

Domenico Failutti. *Maria Quitéria*, 1920. Óleo sobre tela, 1,55 m × 2,53 m.
Maria Quitéria de Jesus foi a primeira mulher a lutar pelo Brasil em uma guerra. Em 1823, durante a Guerra de Independência na Bahia, ela se disfarçou de homem para entrar nas Forças Armadas e combater os portugueses. Por ser uma excelente combatente, depois de descoberta, permaneceu no exército e ainda liderou um pelotão feminino.

Daiane dos Santos foi a primeira ginasta brasileira, entre homens e mulheres, a conquistar uma medalha de ouro no Campeonato Mundial de Ginástica Artística em 2003.

Kathrine Switzer foi a primeira mulher a participar da Maratona de Boston, em 1967, uma das principais corridas de rua do mundo. A fotografia mostra o momento em que homens, ao verem que havia uma mulher participando da prova, tentam impedi-la de correr.

Atualmente observamos a participação feminina em diferentes espaços; no entanto, ainda há muito a ser conquistado, pois no Brasil e em todo o mundo as mulheres são discriminadas e vítimas de violência. Por isso, o dia 8 de março também deve ser visto como oportunidade de mobilização para a conquista de direitos e para discutir a discriminação e a violência física e psicológica sofrida por muitas mulheres.

ATIVIDADES

1 Se você fosse escolher uma mulher para ser sua referência de vida, quem ela seria? Explique sua escolha.

_____
_____
_____
_____
_____

2 O que o texto quis dizer quando informou que Gina se tornava invisível? Como você acha que ela se sentia nesses momentos?

_____
_____
_____
_____
_____

3 Reúna-se com um colega e, juntos, pesquisem mulheres notáveis, ou seja, que tenham realizado uma grande contribuição para a sociedade.

Em seguida, elaborem um pequeno texto sobre a descoberta de vocês e registrem no espaço a seguir.

_____
_____
_____
_____

DATAS COMEMORATIVAS

Abolição da Escravatura – 13 de maio

O longo período de escravidão no Brasil foi marcado por diferentes movimentos de luta contra o trabalho escravo e pelo fim da discriminação racial e religiosa.

Ao longo do século 19, várias revoltas e manifestações pressionaram os governantes, de modo que foram assinados diversos acordos para gradualmente dar fim à escravidão no Brasil.

A Abolição da Escravatura no país foi oficializada em 13 de maio de 1888, quando a princesa Isabel assinou a Lei Áurea.

Lei Áurea, assinada pela princesa Isabel no dia 13 de maio de 1888.

Casal de pessoas negras livres, Rio de Janeiro, 1879.

Lia de Itamaracá. Conhecida como a rainha da ciranda; trata-se de um ícone da tradição cirandeira no país que se tornou inspiração para grandes músicos brasileiros como Paulinho da Viola e Chico Science. Guarulhos, São Paulo.

ATIVIDADES

1 Os africanos na condição de escravizados vieram para o Brasil de várias regiões da África e trouxeram suas crenças e práticas religiosas. Pesquise as religiões de origem africana praticadas em nosso país e escreva o nome de uma delas a seguir.

_____
_____
_____

2 Os africanos também trouxeram seus vastos conhecimentos gastronômicos, baseados em costumes e práticas muitas vezes bastante antigas. Pesquise um deles e apresente seus resultados aos colegas. Lembre-se de mostrar imagens do alimento que você escolheu.

_____
_____
_____
_____

BRINCANDO

1 Use o tabuleiro para fazer um percurso que vai do início até a Abolição da Escravatura. Para jogar, você precisará de um dado.

Como jogar

1. Destaque as cartas das páginas 125 e 127.
2. Chame um ou dois colegas para jogar.
3. Jogue o dado e ande o número de casas correspondente ao sorteado. Nas casas marcadas com um ponto de interrogação (?), seu colega pegará a carta com o número da casa e fará uma pergunta a você, que deve respondê-la. Em seguida, siga as orientações da carta para continuar o jogo.
4. Vence quem completar o percurso primeiro.

DATAS COMEMORATIVAS

O estudo da escravidão no Brasil é muito importante para compreendermos a sociedade atual. Siga a trilha e relembre um pouco dessa trajetória.

1559
O governo português autorizou a entrada de pessoas escravizadas no Brasil.

1693
O Quilombo dos Palmares foi destruído, mas a resistência à escravidão continuou.

1850
Foi assinada a Lei Eusébio de Queirós. Com ela, a proibição do comércio de pessoas obteve resultados mais eficazes.

1885
Foi assinada a Lei dos Sexagenários, que libertava os escravos quando completassem 60 anos de idade. A abolição estava próxima!

Com a assinatura da Lei Áurea, no dia 13 de maio de 1888, finalmente foi proibida a escravidão no Brasil.

Independência do Brasil – 7 de setembro

Em 7 de setembro comemoramos o momento em que o Brasil deixou de ser dependente do governo português.

A Independência do Brasil é celebrada porque representou a conquista da liberdade política e econômica do país após muitas revoltas da população durante o Período Colonial.

Desfile militar em comemoração da Independência. Rio de Janeiro, Rio de Janeiro.

Assim como no passado, atualmente a população brasileira pressiona os governantes para alcançar o objetivo de tornar o Brasil um país com melhor qualidade de vida. Por isso, é muito importante escolher bem os governantes e participar da vida política do nosso país.

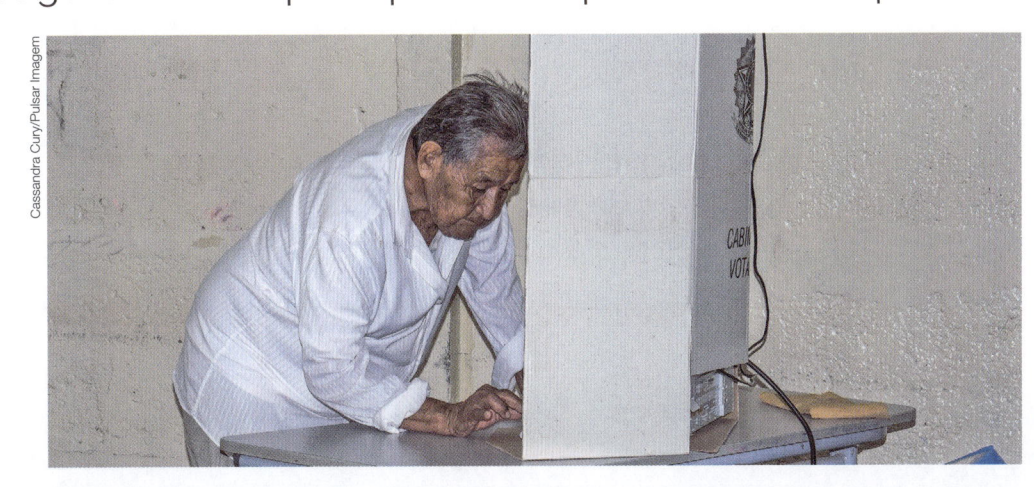

Eleitor indígena. Campo Grande, Mato Grosso do Sul.

Povos indígenas protestam contra as políticas indígenas do governo do presidente brasileiro Michel Temer. Brasília, Distrito Federal, 2018.

DATAS COMEMORATIVAS

BRINCANDO

1) Se você fosse um pintor ou desenhista, como registraria a Independência do Brasil?

Use o espaço abaixo para desenhar e pintar sua versão.

Dia da Consciência Negra – 20 de novembro

Apesar de a Abolição da Escravatura ter ocorrido em 13 de maio de 1888, com o passar dos anos as condições de vida de muitos descendentes dos africanos continuaram inferiores às das pessoas descendentes de outros povos que migraram para o Brasil.

Para ajudar a modificar essa realidade, foi decretado o Dia Nacional da Consciência Negra, no qual lideranças políticas e sociais incentivam a reflexão a respeito das desigualdades sociais vividas pelos afrodescendentes e do combate ao racismo.

A data escolhida refere-se à morte, em 20 de novembro de 1695, de Zumbi, líder do Quilombo dos Palmares e símbolo da resistência à escravidão.

Marcha comemorativa da Consciência Negra. São Paulo, São Paulo.

Alunos do grupo Batuque Reciclado durante a Festa de Cultura Afro em homenagem ao dia da Consciência Negra realizada na Escola Municipal Pastor Alcebíades Ferreira de Mendonça no Quilombo de Sobara. Araruama, Rio de Janeiro.

DATAS COMEMORATIVAS

ATIVIDADES

1 No espaço abaixo, crie sua mensagem de combate ao racismo.

ENCARTES

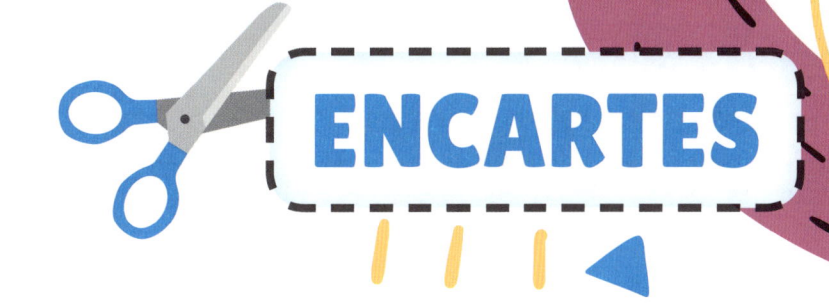

Encarte para a atividade da página 119.

1

CASA 3

De qual continente vinha a maioria dos escravos que trabalhava no Brasil?

a) Europa.
b) África.
c) Ásia.

Resposta correta, avance uma casa.
Resposta incorreta, volte uma casa.

Resposta: B.

2

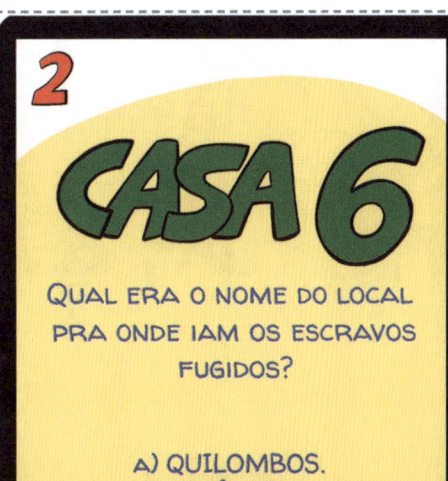

CASA 6

Qual era o nome do local pra onde iam os escravos fugidos?

a) Quilombos.
b) Colônias.
c) Províncias.

Resposta correta, avance uma casa.
Resposta incorreta, volte uma casa.

Resposta: A.

3

CASA 9

Qual nome foi dado à rebelião iniciada por escravos na Bahia?

a) Balaiada.
b) Farroupilha.
c) Revolta dos Malês.

Resposta correta, avance uma casa.
Resposta incorreta, volte uma casa.

Resposta: C.

4

CASA 11

Onde trabalhava a maioria dos escravos no século 20?

a) Nas casas grandes e lojas.
b) Nas plantações e minas.
c) No comércio ambulante.

Resposta correta, avance uma casa.
Resposta incorreta, volte uma casa.

Resposta: B.

Douglas Ferreira

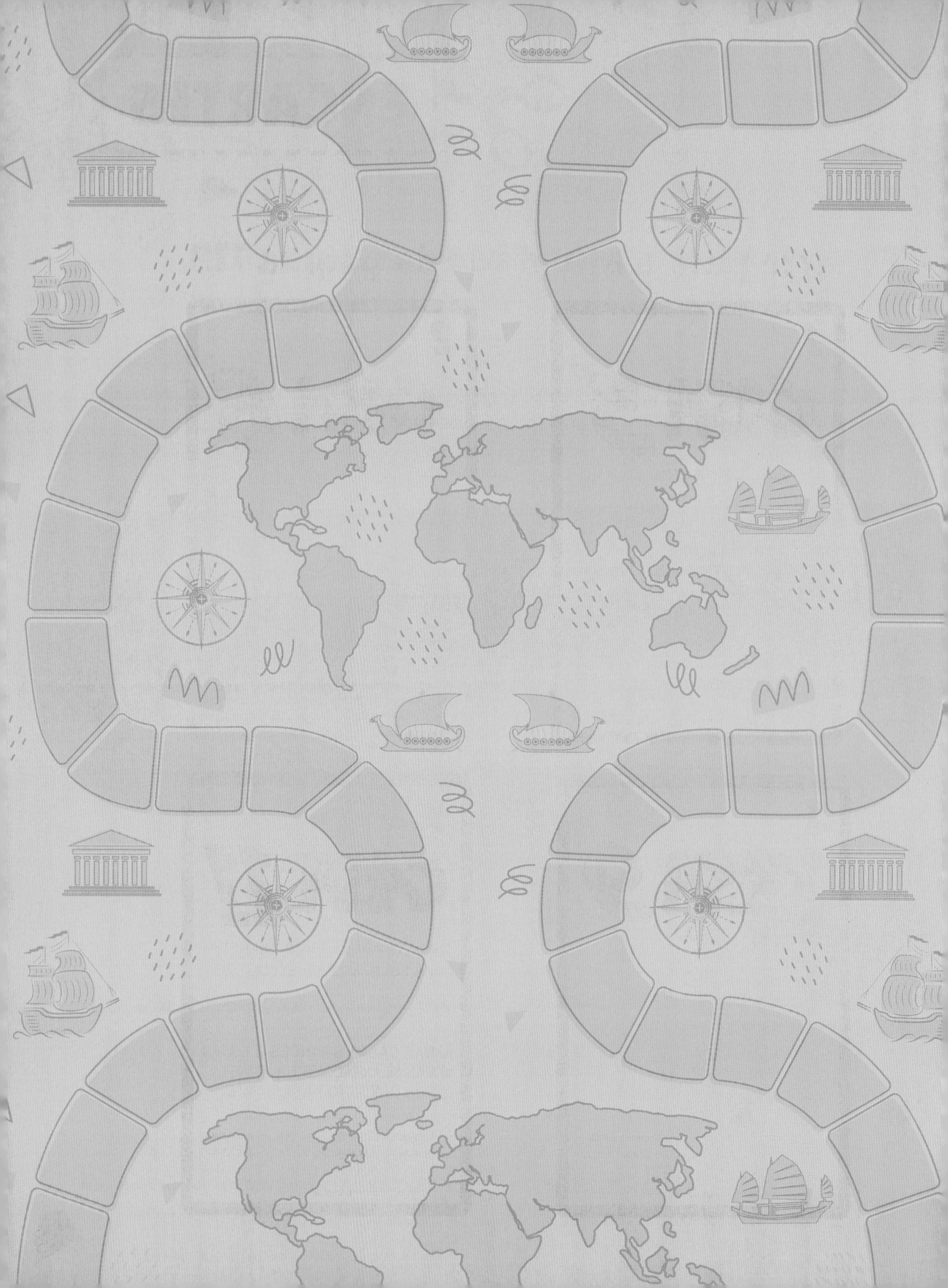

CASA 13

5

COMO ERAM CHAMADOS OS GRUPOS QUE LUTAVAM CONTRA A ESCRAVIDÃO NO BRASIL?

a) ABOLICIONISTAS.
b) LIBERTÁRIOS.
c) ESCRAVOCRATAS.

Resposta correta, avance três casas.
Resposta incorreta, não jogue uma rodada.

Resposta: A.

CASA 15

6

QUAL ERA O DOCUMENTO QUE CONCEDIA LIBERDADE A UM ESCRAVO?

a) CARTA REGISTRADA.
b) CARTA DE DEMISSÃO.
c) CARTA DE ALFORRIA.

Resposta correta, avance uma casa.
Resposta incorreta, volte uma casa.

Resposta: C.

CASA 17

7

QUAL É O NOME DA LEI QUE TORNOU LIVRES OS FILHOS DOS ESCRAVIZADOS?

a) LEI EUSÉBIO DE QUEIRÓS.
b) LEI DO VENTRE LIVRE.
c) LEI DOS SEXAGENÁRIOS.

Resposta correta, avance uma casa.
Resposta incorreta, volte uma casa.

Resposta: B.

CASA 20

8

QUEM ASSINOU A LEI ÁUREA EM 13 DE MAIO DE 1888?

a) PRINCESA ISABEL.
b) DOM PEDRO 2º.
c) ZUMBI DOS PALMARES.

Resposta correta, avance até o final.
Resposta incorreta, volte uma casa.

Resposta: A.

Douglas Ferreira

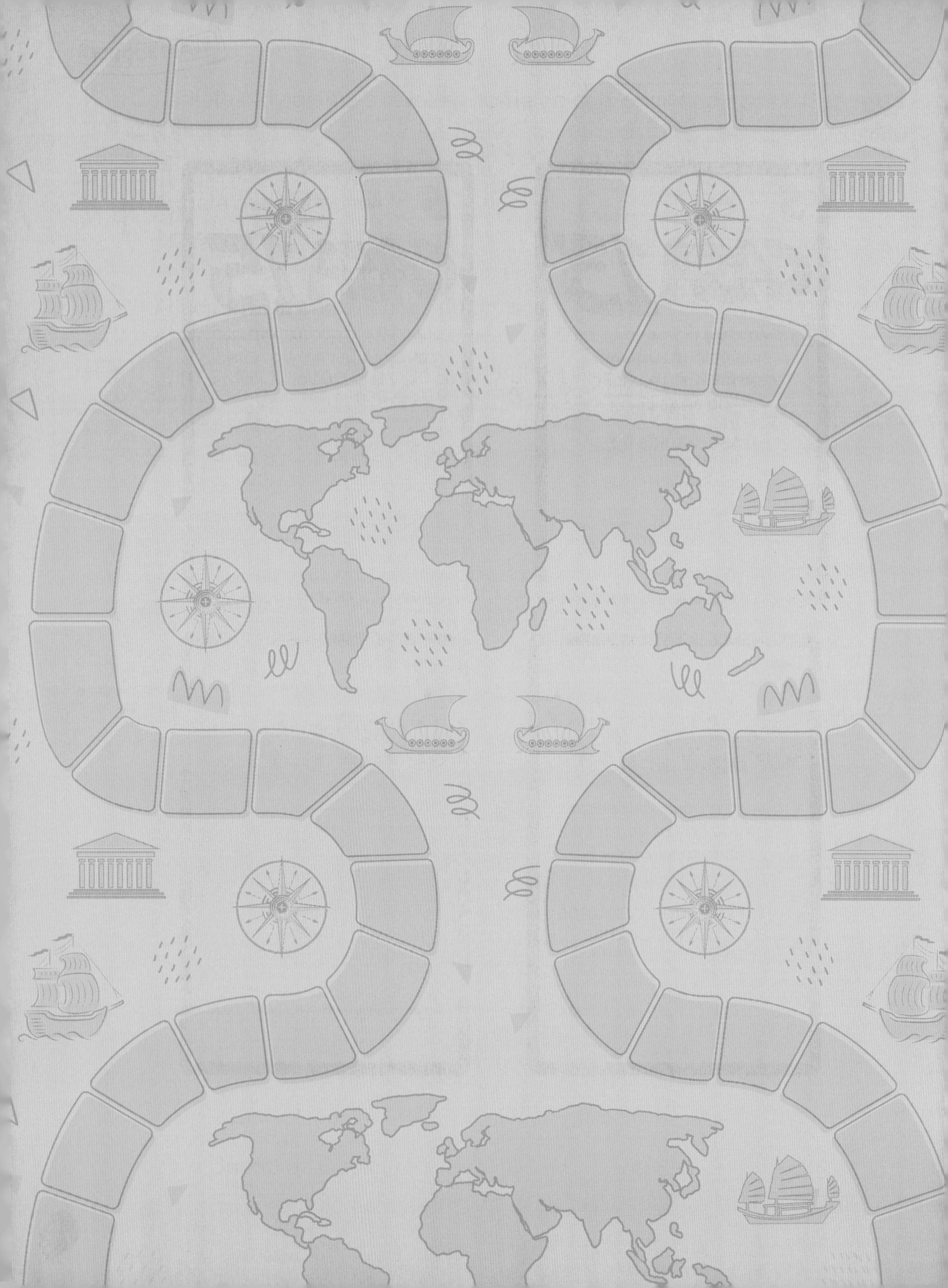

GEOGRAFIA

SUMÁRIO

VAMOS BRINCAR **131**

Unidade 1 – O município **135**
Conhecendo o município **135**
As atividades econômicas do campo e da cidade **137**
Desbravando o município **142**
Os serviços públicos municipais **147**
Pequeno cidadão – O Plano Diretor **149**

Unidade 2 – Vida na zona urbana **150**
A cidade **150**
Condições de vida na zona urbana **154**
O trabalho na zona urbana **158**
Problemas ambientais urbanos **160**
Pequeno cidadão – Coleta seletiva **163**

Unidade 3 – Vida na zona rural **164**
O campo **164**
Condições de vida na zona rural **166**
O trabalho na zona rural **167**
Problemas ambientais no campo **171**
Pequeno cidadão – O uso de agrotóxicos **172**

Unidade 4 – Paisagens rurais e urbanas **173**
Paisagens rurais **173**
Paisagens urbanas **174**
Paisagens preservadas **175**
Interdependência entre campo e cidade **176**

Pequeno cidadão – Paisagens culturais **179**

Unidade 5 – Superfície da Terra **180**
Clima **180**
Vegetação **186**
Relevo **193**
Rios **201**
Recursos naturais **203**
Pequeno cidadão – A energia solar **207**

Unidade 6 – Brasil: o país e sua população **208**
A população brasileira **208**
População **210**
Pequeno cidadão – A diversidade da população brasileira **216**

Unidade 7 – Atividades econômicas **218**
Agricultura **218**
Pecuária **220**
Indústria **222**
Comércio **228**
Pequeno cidadão – Direitos do consumidor **230**

Unidade 8 – Meios de transporte **231**
Os tipos de meios de transporte **231**
Pequeno cidadão – Serviços de atendimento ao usuário **238**

BRINQUE MAIS **239**

VAMOS BRINCAR

1 Ligue as palavras à sua representação cartográfica.

a) bairro

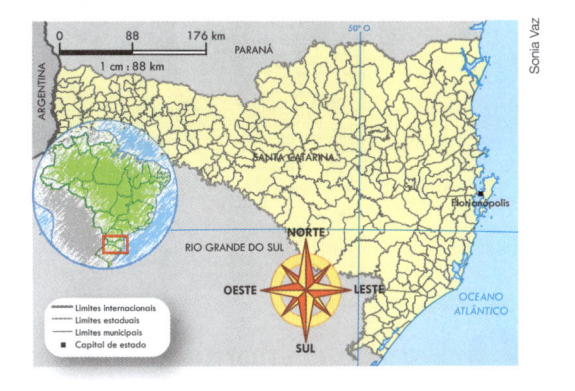

b) município

c) estado

2 Para auxiliar a administração pública do município, todos os cidadãos devem zelar pela conservação dos espaços públicos. Veja a imagem abaixo e circule de vermelho a situação inadequada e de verde aquela gerada por atitudes adequadas a um cidadão no espaço público.

3 Escreva o nome correto de cada uma das formas de relevo a seguir.

A _____

B _____

4 Complete as frases com a palavra adequada e depois complete o diagrama com as palavras que você escreveu.

1. O _____ sanitário é o lugar destinado para descarregar e armazenar o lixo. O chorume, nesse sistema, não polui o solo, pois é recolhido de forma especial.

2. Nos _____, os resíduos são descarregados sem nenhum cuidado ou tratamento.

3. A coleta _____ recolhe os materiais que podem ser reciclados, como papel, vidro, plástico e metal.

4. Nas _____ de compostagem, o resíduo orgânico recolhido é transformado em adubo para plantas.

5 Desembaralhe as sílabas e escreva o nome dos representantes dos poderes Legislativo, Executivo e Judiciário.

a) A | RE | DOR | VE _____

b) FEI | TO | PRE _____

c) IZ | JU _____

6 Anote o nome das formações vegetais abaixo das fotografias e faça o que se pede.

_____   _____

_____   _____

a) Descreva as características da vegetação que mais se parecem com a do local em que você vive.

_____
_____
_____

b) Qual das formações vegetais de locais diferentes de onde você mora mais chama sua atenção? O que você vê de interessante nela?

_____
_____
_____

UNIDADE 1

O MUNICÍPIO

Conhecendo o município

Observe o mapa abaixo e leia a legenda dele com bastante atenção.

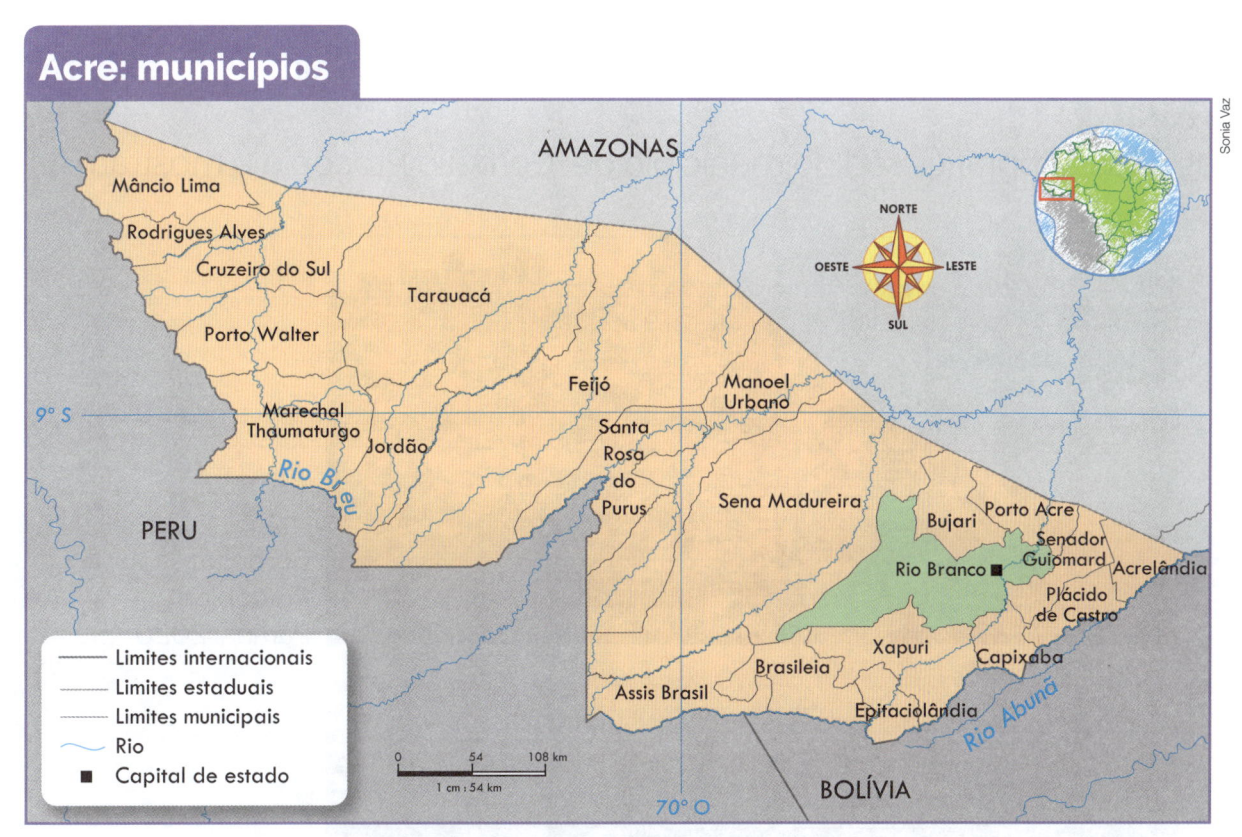

Acre: municípios

Fonte: IBGE. *Conheça cidades e estados do Brasil*. Rio de Janeiro: IBGE, c.2017. Disponível em: http://cidades.ibge.gov.br/download/mapa_e_municipiosphp?lang=&uf=ac. Acesso em: 25 jul. 2020.

O que chama a sua atenção? Você percebeu que os estados do Brasil são divididos em partes menores? Elas representam os **municípios**.

Os municípios ocupam determinada área territorial e são separados uns dos outros por uma linha demarcatória chamada **limite**.

A placa indica o limite entre os municípios de Bento Gonçalves e Garibaldi.

O limite de um município pode ser natural – quando é demarcado por um rio, uma serra, um lago, uma lagoa – ou artificial – quando não existem limites naturais. Em ambos os casos, os limites são estabelecidos por uma lei, que determina a linha demarcatória entre os municípios.

Um município, geralmente, é formado pelas áreas da **zona urbana** e da zona rural. A cidade constitui a zona urbana, e nela fica a sede do município.

A cidade é formada pelo centro e por um conjunto de bairros. Os bairros mais afastados do centro formam a zona periférica, ou seja, os subúrbios.

As plantações, as chácaras, os sítios e as fazendas localizam-se nos bairros da **zona rural**.

Estas duas fotografias são do município de Cornélio Procópio e mostram as:

← zona urbana

Cornélio Procópio, Paraná, 2020.

← zona rural

Cornélio Procópio, Paraná, 2020.

As atividades econômicas do campo e da cidade

Observe as principais diferenças.

Campo

No campo, as principais atividades produtivas são extrativismo, agricultura, pecuária e turismo rural.

Essas atividades fornecem **matérias-primas** e diversos produtos que consumimos.

As atividades de extrativismo são aquelas em que a matéria-prima é retirada diretamente da natureza, por exemplo, a extração de minério de ferro, que é usado na fabricação do aço.

> **GLOSSÁRIO**
>
> **Matéria-prima:** substância bruta (em estado natural) tirada da natureza para a fabricação de um ou mais produtos.

Extração de minério de ferro na Serra dos Carajás, Pará.

Colheita mecanizada de soja em Santo Antônio do Leste, Mato Grosso.

As frutas, as verduras e os legumes são cultivados e consumidos diretamente pelas pessoas. Já o leite, o queijo, o iogurte, a farinha e o açúcar são derivados de outros produtos. Acompanhe o exemplo abaixo:

O milho (matéria-prima) é cultivado em uma plantação e levado para uma indústria de alimentos para ser transformado em produto final, como os cereais.

Cidade

Veja a seguir as principais atividades econômicas da zona urbana.

Comércio

Consiste na venda de produtos que podem ter sido feitos tanto no campo como na cidade.

Lojas em calçadão. Ilhéus, Bahia, 2019.

Prestação de serviços

Trata-se dos serviços oferecidos por escolas, hospitais, centros de pesquisa e tecnologia, bancos e empresas de telefonia e internet (serviços especializados).

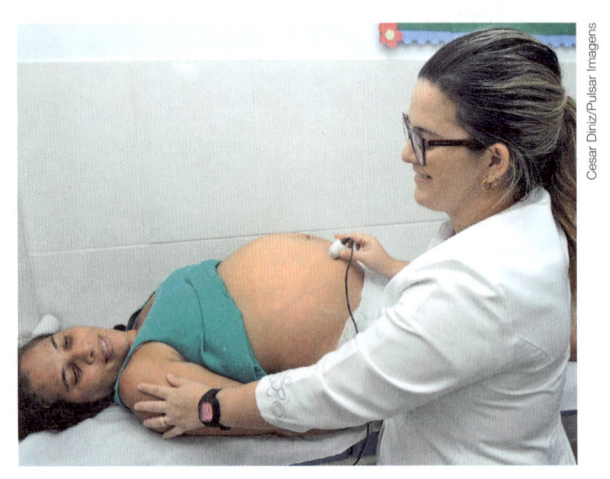

Enfermeira presta atendimento em posto de saúde. Itaparica, Bahia, 2019.

Indústria

Produz mercadorias que atendem o campo, o comércio e os serviços.

Assim, percebemos que na cidade há uma variedade de produtos e serviços também necessários para o campo. A cidade e o campo são lugares integrados, que dependem um do outro, inseparáveis.

Trabalhadores em fábrica de tratores. Canoas, Rio Grande do Sul, 2017.

ATIVIDADES

1 Complete o quadro com as informações.

País em que você vive	
Nome de seu estado	
Nome de seu município	
Nome de seu bairro	
Nome de sua rua	

2 Como é formado o município?

_____
_____

3 Em que parte do município você mora: na zona urbana ou na zona rural? Cite alguns elementos da paisagem de seu bairro que são característicos dessa parte do município.

_____
_____
_____
_____

4 Use as palavras do quadro abaixo para completar as frases com as divisões de um município.

> cidade   artificial   limite   natural   rural

a) O centro da _____ é uma parte do município.

b) Na zona _____ há sítios e chácaras.

c) Os municípios estão separados uns dos outros por um _____.

d) Um rio que divide municípios é um limite _____.

e) Uma estrada que divide municípios é um limite _____.

5 Quais são as principais atividades econômicas do campo e da cidade?

_____

_____

6 Veja os produtos anunciados no folheto a seguir. Depois, preencha a tabela escrevendo o nome de cada produto na coluna que corresponde ao local em que é produzido.

Produzidos no campo	Produzidos na cidade

Mercado Brasil

Alface Crespa Unid. 1,45
Batata-Inglesa Kg. 1,10
Cenoura Extra Kg. 1,68
Frango Resfriado Kg. 3,58
Iogurte com polpa natural 6 unid. 5,29
Acém Kg. 8,98
Superofertas!
Telefone Feliz 39,99
Liquidificador 4 velocidades 99,10
Jogo de panelas com 6 unid. 159,80

7 As atividades do campo são diferentes das atividades da cidade, mas estão interligadas. Cite dois exemplos de integração entre as atividades produtivas do campo e da cidade.

_____

_____

_____

8 Desenhe em uma folha de papel avulsa uma paisagem da zona urbana e uma paisagem da zona rural integradas.

BRINCANDO DE GEÓGRAFO

1) Localize-se por uma rosa dos ventos e escreva os limites do município onde você mora.

a) Nome do município: _____.

b) Ao norte: _____.

c) Ao sul: _____.

d) A leste: _____.

e) A oeste: _____.

PESQUISANDO

1) Pesquise na biblioteca e em *sites* da internet e registre as informações a seguir. Use os *sites* oficiais da administração pública.

a) Qual foi a primeira cidade de seu estado?
_____

b) Qual é a capital de seu estado?
_____

c) Que cidade foi a primeira capital do Brasil e em que estado está localizada?
_____

d) Qual é a capital do Brasil atualmente?
_____

Desbravando o município

Nos municípios, as ruas, avenidas, bairros, praças e edifícios têm nome. O nome serve para facilitar a localização dos lugares e a identificação dos endereços.

Quando queremos localizar nossa moradia, a escola ou uma rua, por exemplo, devemos saber o endereço desse local e, então, usar a **planta do município** para encontrá-lo. Há diversos tipos de plantas, e elas são uma representação detalhada, em uma superfície plana (como uma folha de papel), dos elementos de um município.

Observe a planta de uma parte do município de Recife, no estado de Pernambuco.

Recife: Ilha Antônio Vaz

Fonte: Google Maps. [S. l.], c2020. Disponível em: https://goo.gl/maps/H3Uv5ysyx3vTVvkd8. Acesso em: 25 jul. 2020.

Para reproduzir áreas maiores que os municípios – como estados, países e continentes – utilizamos **mapas**.

Os mapas também são representações do espaço em superfícies planas, porém são menos detalhados que as plantas.

Para compreensão do que significa cada elemento representado nas plantas e nos mapas, usamos símbolos e legendas.

Os símbolos usados nos mapas estão em conformidade com as chamadas **convenções cartográficas**.

Essas convenções foram estabelecidas para que os símbolos usados sejam compreendidos em qualquer parte do mundo, independentemente do idioma.

Observe as convenções usadas no mapa.

Brasil: político

Fonte: IBGE. *Atlas geográfico escolar*. 8. ed. Rio de Janeiro: IBGE, 2018. p. 90.

ATIVIDADES

1) Responda às questões.

   a) Quando queremos localizar praças, ruas ou bairros de um município, que tipo de representação espacial devemos consultar?

   _____
   _____

   b) Por que todas as ruas, avenidas, bairros e praças de um município têm nome?

   _____
   _____

2 Ligue a planta do município e o mapa às suas respectivas definições.

Planta do município de Garça – São Paulo

Fonte: Google Maps. [S. l.], c2020. Disponível em: www.google.com.br/maps/@-22.2107715,-49.6640605,16z. Acesso em: 25 jul. 2020.

Região Sul: político

Fonte: IBGE. *Atlas geográfico escolar*. 8. ed. Rio de Janeiro: IBGE, 2018. p. 90.

> São representações de terrenos, territórios e países em superfície plana com diferentes escalas e menor detalhamento. Utiliza as convenções cartográficas.

> É a representação detalhada de elementos que existem em um município, como rios, museus, praças e outras construções.

3 Siga o modelo e complete a imagem da placa abaixo com o **nome** e o **CEP** da rua de sua moradia.

Ponta Negra, Rio Grande do Norte.

BRINCANDO DE GEÓGRAFO

1 Para melhorar a leitura e a interpretação de uma planta, alguns locais são representados por símbolos e ícones. Observe a representação abaixo e faça o que se pede.

Planta da cidade de Curitiba

Fonte: Google Maps. [*S. l.*], c2020. Disponível em: https://goo.gl/maps/kcFrv7vDD3nZtKJs6. Acesso em: 20 jul. 2020.

a) Circule a Biblioteca Pública do estado do Paraná.

b) Desenhe no quadro ao lado o símbolo que representa as áreas verdes na planta.

c) Como é o símbolo que representa os museus? Com o que ele se parece?

_____

d) Qual símbolo ou ícone da planta da cidade de Curitiba chamou a sua atenção? Por quê?

_____

2 Encontre no diagrama as palavras destacadas no texto.

Para reproduzir áreas maiores que os municípios, usamos os **mapas**. Nos mapas são usados **símbolos** e **ícones** para representar elementos da **paisagem**. Esses elementos são apresentados para o leitor na **legenda** do mapa. As **convenções** cartográficas e as informações da legenda ajudam a **leitura** e a interpretação dos mapas.

S	E	L	H	U	I	C	D	S	M	A	Z	A
A	O	E	E	R	S	W	V	N	A	U	E	P
X	A	G	A	Õ	Í	E	Ç	S	P	A	I	A
Í	Y	E	P	A	M	T	U	F	A	O	A	I
C	O	N	V	E	N	Ç	Õ	E	S	L	I	S
O	H	D	Z	X	O	L	Í	N	E	S	W	A
N	Y	A	Z	Á	C	V	G	D	A	C	R	G
E	P	L	O	I	L	E	I	T	U	R	A	E
S	Í	M	B	O	L	O	S	A	E	B	G	M

3 Desenhe os símbolos que você utilizaria em uma planta para representar os elementos de uma cidade indicados a seguir. Lembre-se de que a função dos símbolos é identificar um espaço de forma simples e direta.

a) terminal de ônibus

b) escola

c) hospital

d) parque

e) aeroporto

f) restaurante

Os serviços públicos municipais

Em todos os municípios, o governo deve garantir a qualidade de vida da população, mantendo, para isso, diversos serviços públicos em funcionamento. Para custear esses serviços, as pessoas devem pagar taxas e impostos.

Taxas são tributos cobrados das pessoas pelo uso de serviços de água encanada, rede de esgoto e energia elétrica, por exemplo.

Impostos são tributos obrigatórios pagos ao governo para serem revertidos em serviços e benefícios.

Pelo pagamento dos impostos, a população de um município deve ter acesso a:

- creches;
- escolas públicas;
- postos de saúde;
- hospitais;
- coleta de lixo;
- limpeza, calçamento, conserto de ruas, avenidas, praças e jardins;
- centros esportivos e comunitários;
- áreas de lazer.

Limpeza urbana. Presidente Kennedy, Espírito Santo.

Receber bons serviços públicos é um **direito** de todo cidadão.

Pagando os impostos, a população estimula a cidade a crescer e se desenvolver. Pagar impostos é um **dever** de todo cidadão.

PESQUISANDO

1. Pergunte a seus familiares adultos se eles estão satisfeitos com os serviços públicos oferecidos pelo município onde vocês moram. Se pudessem mudar ou melhorar algum serviço, qual seria?

_____

_____

2 Existem centros esportivos comunitários e áreas de lazer em seu bairro? Você sabe quais atividades ocorrem nesses lugares? Por que eles são importantes?

_____

_____

ATIVIDADES

1 Leia atentamente na imagem as informações de consumo de energia elétrica de uma moradia em uma cidade. Depois, anote as informações solicitadas.

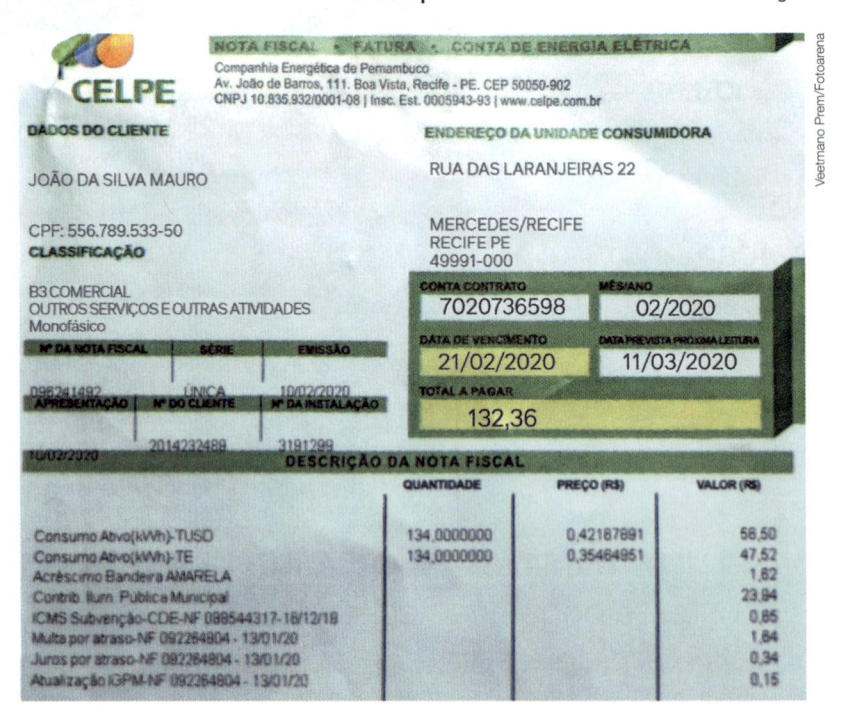

a) Nome da companhia de fornecimento de energia elétrica.

_____

b) Mês de referência.

_____

c) Consumo por kWh (quilowatt-hora).

_____

d) Valor cobrado do consumidor.

_____

PEQUENO CIDADÃO

O Plano Diretor

O Plano Diretor é um dos instrumentos pelo qual a administração pública pode contribuir para a delimitação e a demarcação de terras de um município.

Quando estudamos a formação do território brasileiro, vimos que os colonizadores portugueses ocuparam as terras que hoje constituem o Brasil, uma área onde viviam cerca de 4 milhões de indígenas.

O território dos indígenas tinha características bem diferentes do que conhecemos como municípios, estados, país. Ou seja, não existiam os limites que existem hoje.

Atualmente, territórios indígenas e áreas remanescentes de quilombos, formados por negros que resistiam à escravidão e viviam em comunidades na mata para se refugiar, devem ser áreas protegidas por lei, garantindo a essas comunidades a posse e os direitos sobre o território.

Placa que indica uma área demarcada como terra indígena. São Paulo de Olivença, Pará, 2018.

1. Partindo das informações do texto sobre os territórios indígenas e quilombolas que existem no Brasil, responda:

    a) Você conhece alguma terra indígena ou comunidade quilombola? Se sim, conte um pouco aos colegas sua percepção.

    b) Por que o Plano Diretor é importante?

    _____
    _____
    _____

UNIDADE 2
VIDA NA ZONA URBANA

A cidade

Como você já estudou, a zona urbana do município é a cidade. A cidade é a parte do município em que se concentra a maioria da população.

Existem cidades de diversos tamanhos e muito diferentes umas das outras. A extensão territorial e o número de habitantes das cidades variam bastante, por isso elas podem ser classificadas como grandes, médias ou pequenas.

Um exemplo de cidade grande é Belo Horizonte, em Minas Gerais, com mais de 1,4 milhão de habitantes. Um exemplo de cidade de médio porte é Santa Maria, no Rio Grande do Sul, com uma população de aproximadamente 260 mil habitantes. Um exemplo de cidade pequena é Cururupu, no Maranhão, com pouco mais de 30 mil habitantes. Observe as imagens.

Belo Horizonte, Minas Gerais, 2018.

Cururupu, Maranhão, 2019.

O movimento no centro das cidades brasileiras é intenso durante o dia, pois é uma área que concentra edifícios de comércio e serviços.

Os bairros da periferia da cidade, mais afastados da região central, são geralmente residenciais e, às vezes, industriais.

Centro de Pouso Alegre, Minas Gerais.

Bairro residencial. Pouso Alegre, Minas Gerais.

SAIBA MAIS

Você sabia que as grandes cidades, muito populosas – aquelas que têm destaque na política e na economia, influenciando outras cidades a seu redor –, são chamadas de **metrópoles**?

A palavra metrópole surgiu na Grécia Antiga e significa "cidade-mãe", cujo sentido figurado ainda guarda relação com o conceito moderno de metrópole.

No Brasil, existem algumas metrópoles, como São Paulo, no estado de São Paulo; Porto Alegre, no Rio Grande do Sul; Brasília, no Distrito Federal; Recife, em Pernambuco; e Manaus, no Amazonas.

As metrópoles, muitas vezes, abrigam várias atividades de lazer e importantes universidades e centros culturais.

Parque Farroupilha na metrópole de Porto Alegre, Rio Grande do Sul, 2018.

ATIVIDADES

1 Qual é a parte do município que pertence à zona urbana?
_____

2 Qual é o nome da cidade de seu município?
_____

3 O que são metrópoles?
_____
_____

4 Observe as fotografias e identifique quais são as influências culturais presentes no espaço urbano.

Ouro Preto, Minas Gerais.

a) _____
_____
_____
_____
_____

Gramado, Rio Grande do Sul.

b) _____
_____
_____
_____
_____

PESQUISANDO

1 Conhecer sua cidade, ruas, avenidas e bairros é um ato de cidadania. Com base nisso, pesquise e escreva o que se pede sobre seu município.

a) Nome de uma avenida que seja a principal ou uma das principais.

_____

b) Nome de uma das principais ruas.

_____

c) Nome de uma das principais praças.

_____

d) Nome de dois bairros:

- um central;

_____

- um na periferia.

_____

e) Nome da rua mais movimentada de seu bairro.

_____

2 Quantos habitantes vivem em seu município atualmente?

_____

- Agora assinale se ele é classificado como pequeno, médio ou grande.

☐ pequeno   ☐ médio   ☐ grande

3 Cite exemplos de serviços públicos que são oferecidos em seu município. Você utiliza esses serviços?

_____

_____

4 Você vive em uma metrópole? Caso não viva em uma, descubra qual é a metrópole mais próxima de seu município.

_____

Condições de vida na zona urbana

Segundo a Organização das Nações Unidas (ONU), desde 2007 mais da metade da população mundial vive em cidades.

Veja os números aproximados de população para 2020 e pense a respeito da quantidade de pessoas vivendo nas cidades.

População mundial (maio/2020)	População brasileira (maio/2020)
7,65 bilhões de pessoas	211 milhões de pessoas

Fonte: Census. *U.S. and world population clock*. Estados Unidos: Census, [20--?]. Disponível em: www.census.gov/popclock/world. Acesso em: 14 maio 2020.

No Brasil, esse aumento acontece desde os anos 1970. Para atender o grande número de pessoas nas cidades, é necessária uma rede de serviços básicos complexa. Alguns desses serviços são água encanada, rede de coleta e tratamento de esgoto, iluminação pública, creches, escolas, transporte público etc.

De modo geral, a oferta de serviços varia de uma cidade para outra. Nas grandes cidades, por exemplo, os equipamentos culturais costumam ser bem variados, podendo haver cinemas, teatros, clubes, restaurantes, estádios de futebol, parques e áreas para prática de esportes, por exemplo.

Theatro Municipal. Rio de Janeiro, Rio de Janeiro.

Terminal de ônibus Santo Amaro. São Paulo, São Paulo.

A oferta de moradia, serviços básicos, lazer e trabalho não é igual em toda cidade, por isso muitas pessoas vivem em moradias precárias e com pouco acesso aos serviços mencionados acima.

ATIVIDADES

1 Registre o tipo de ocupação do espaço na cidade.

_____   _____

_____   _____

2 Segundo a ONU, mais da metade da população mundial vive em cidades. Qual é o impacto dessa concentração populacional na oferta de serviços básicos, como água encanada e coleta de lixo?

_____
_____
_____

3 Em muitas cidades, há pessoas que vivem sem conforto devido à precária disponibilidade de serviços básicos. Explique, com suas palavras, o que é viver sem conforto.

_____
_____
_____

PESQUISANDO

1 Será que o local em que você vive mudou muito ao longo do tempo? Como viviam os primeiros moradores do seu município? A paisagem era diferente? Quais eram as atividades econômicas desenvolvidas? Vamos fazer uma pesquisa! Acompanhe as instruções a seguir.

1. A turma formará quatro grupos, e cada grupo realizará uma parte da pesquisa.

2. Um grupo pesquisará a história do município. A pesquisa pode ser feita em livros, revistas e em registros históricos encontrados na biblioteca municipal ou na internet.

O grupo deve seguir o roteiro:

- quando e como foi a fundação da cidade;
- quem eram os primeiros moradores e de onde vieram;
- quais eram as principais atividades econômicas desenvolvidas;
- como era a paisagem.
- houve influência de imigrantes na formação do município?

3. Outro grupo entrevistará moradores antigos da cidade.

Os integrantes do grupo devem anotar as questões a seguir, pois são importantes para a entrevista.

- Há quanto tempo o senhor (ou a senhora) mora na cidade?
- Quais são as boas recordações que o senhor (ou a senhora) tem da cidade?
- Como era a vida na cidade antigamente?
- Você tem algum parente ou conhece alguém que veio de outro país começar

uma nova vida no município? Você sabe o lugar de origem dessa pessoa?

- Como eram as ruas e os principais meios de transporte?
- Como eram as aulas e as escolas?
- O senhor (ou a senhora) tem fotografias que possam ser utilizadas para ilustrar a entrevista?
- O senhor (ou a senhora) sabe de alguma curiosidade sobre a cidade?
- Que lugares ou estabelecimentos não existem mais ou foram muito alterados no decorrer dos anos?

Para que o resultado da entrevista seja enriquecedor, o grupo poderá elaborar mais perguntas e mostrá-las ao professor antes de realizar a entrevista.

4. O terceiro grupo, acompanhado de professores, pais ou responsáveis, passeará pela cidade fotografando as paisagens históricas que ainda fazem parte dela.
    - Os integrantes do grupo devem escolher um desses lugares fotografados e buscar informações sobre ele. Atualmente, quais são as atividades desenvolvidas ali? Para que a construção foi feita? Qual era a função desse lugar antigamente?
5. O quarto grupo irá à biblioteca para buscar informações que enriqueçam a pesquisa – como reportagens antigas sobre as personalidades da cidade, algum evento cultural, esportivo ou político que ocorreu nela, ou outras possíveis curiosidades.
6. Todo o material deverá ser apresentado à turma e organizado em forma de cartazes que serão expostos na sala de aula ou em outro espaço da escola.

O trabalho na zona urbana

Na área urbana, principalmente nas grandes cidades, as pessoas trabalham em setores diversos, como comércio, serviços especializados, indústrias, escolas, restaurantes, hospitais, oficinas, parques, prédios de apartamentos e órgãos governamentais.

O comércio envolve serviços bem variados e costuma estar relacionado com o atendimento ao público. Alguns exemplos são as profissões ligadas ao dia a dia de uma loja, como balconista, caixa, empacotador, encarregado de limpeza e higiene etc.

Nas indústrias, por exemplo, há pessoas que fazem trabalhos especializados, que requerem formação em escolas técnicas, assim como pessoas que aprendem a profissão no dia a dia, como aprendizes.

A feira livre é um exemplo de atividade comercial. Taboão da Serra, São Paulo, 2019.

Indústria de confecção de roupas. Nova Friburgo, Rio de Janeiro, 2017.

Os empregos são classificados em diferentes categorias. Nos **empregos formais**, os trabalhadores têm registro em sua Carteira de Trabalho, direitos trabalhistas e salário fixo.

As pessoas que trabalham por conta própria são chamadas de **profissionais liberais** ou **autônomas**, como professores e advogados.

E há também pessoas que trabalham em **empregos informais**, isto é, sem registro em carteira e, muitas vezes, sem salário fixo. É o caso de vendedores ambulantes e camelôs, por exemplo.

ATIVIDADES

1 Na zona urbana, em que setores o trabalho está concentrado?

_____
_____

2 Escreva **V** para as frases verdadeiras e **F** para as falsas sobre a classificação dos empregos.

☐ Os vendedores ambulantes e camelôs trabalham em empregos informais.

☐ No trabalho formal, não são garantidos os direitos trabalhistas.

☐ As pessoas que trabalham por conta própria são empregados informais.

☐ Registro na Carteira de Trabalho e salário fixo são características dos empregos formais.

3 Em sua opinião, há prejuízo para o trabalhador que ocupa um emprego informal, como um vendedor ambulante, por exemplo?

_____
_____
_____

PESQUISANDO

1 Entreviste quatro adultos – familiares, pessoas próximas ou vizinhos – e pergunte qual é a profissão deles. Anote as respostas de forma organizada, com o nome e a idade de cada entrevistado.

Pergunte também há quanto tempo estão no emprego e peça que descrevam, sucintamente, suas atividades no dia a dia de trabalho.

Concluídas todas as entrevistas, transcreva cada uma no caderno e compartilhe-as com a turma.

Problemas ambientais urbanos

As cidades concentram inúmeras pessoas e atividades produtivas. Por isso, as metrópoles, principalmente, sofrem muito com diversos tipos de poluição.

A poluição atmosférica é causada pela liberação de gases tóxicos no ar por fábricas e veículos, provocando problemas à saúde.

Poluição atmosférica. São Paulo, São Paulo, 2019.

A poluição sonora é causada pelo ruído de veículos, máquinas e aparelhos sonoros.

A poluição dos solos e das águas pode ser causada por vazamentos químicos nas indústrias e pelo lixo que não é armazenado da maneira correta e acaba liberando chorume no solo e na água, contaminando-os.

Além disso, grande parte do esgoto industrial e doméstico é despejada em rios e córregos sem tratamento adequado.

Córrego poluído. Manaus, Amazonas, 2019.

SAIBA MAIS

Produção de lixo

Você já pensou na quantidade de lixo que produz em um dia? Lembre-se de que todos os produtos que consumimos têm embalagens e podem gerar resíduos. Agora multiplique essa conta por todos os habitantes de seu município... e de seu estado... e do Brasil. Já pensou em quanto vai dar?

Vamos descobrir esses números.

[...] A cada 24 horas, o Brasil produz 240 mil toneladas de lixo – sujeira que seria suficiente para lotar 1 160 aviões cargueiros do tipo Boeing 747. Em 1982, cada brasileiro jogava fora meio quilo de lixo por dia. Em 1996, a média foi de 750 gramas *per capita*. Em 2012, o valor atingiu 1 kg. [...]

Marcelo Duarte. 10 curiosidades sobre o lixo no Brasil. *In*: O guia dos curiosos. [Brasil], 24 abr. 2019. Disponível em: www.guiadoscuriosos.com.br/curiosidades/variedades/medidas/dinheiro/brasil/lixo/10-curiosidades-sobre-o-lixo-no-brasil/. Acesso em: 22 maio 2020.

Uma informação mais recente, mostra que, segundo pesquisa realizada em 2019, o Brasil é o quarto país que mais produz lixo no mundo. Lembre-se de que, para entender essa informação, é preciso considerar o tamanho do país e de sua população e ainda que nem todos os países controlam sua produção de lixo. Pense a respeito dessa situação.

Coleta de lixo. Araçuaí, Minas Gerais, 2019.

Brasil é o 4º país que mais produz lixo no mundo, diz WWF.

O estudo "Solucionar a poluição plástica: transparência e responsabilização", feito pelo Fundo Mundial para a Natureza (WWF), mostra que o Brasil é o quarto país no mundo que mais produz lixo. São 11 355 220 toneladas e apenas 1,28% de reciclagem. Só está atrás dos Estados Unidos (1º lugar), da China (2º) e da Índia (3º).

Agência Brasil. Brasília, DF, 5 mar. 2019. Disponível em: https://agenciabrasil.ebc.com.br/internacional/noticia/2019-03/brasil-e-o-4o-pais-que-mais-produz-lixo-no-mundo-diz-wwf#. Acesso em: 14 maio 2020.

ATIVIDADES

1 Encontre no diagrama as palavras destacadas no texto abaixo.

> Nas cidades, muitos problemas **ambientais** estão relacionados à **poluição**. Os **carros** e as **chaminés** das fábricas provocam poluição **atmosférica**, que causa danos à **saúde**. O descarte inadequado do **lixo** e dos dejetos das fábricas polui a **água** e o **solo**. O grande movimento de pessoas e veículos, as obras e os **ruídos** das **fábricas** são responsáveis por um problema invisível: a poluição **sonora**.

Q	W	S	E	D	R	S	X	Z	I	O	P	A	S	E
A	E	C	D	C	H	A	M	I	N	É	S	L	O	A
A	T	M	O	S	F	É	R	I	C	A	O	L	L	E
A	O	P	U	N	E	I	V	C	I	E	A	A	O	D
E	A	W	D	F	Á	B	R	I	C	A	S	Y	S	F
F	L	O	A	M	B	I	E	N	T	A	I	S	P	S
I	I	J	P	Q	U	E	I	X	A	S	E	R	O	A
O	X	I	S	E	A	W	Q	C	A	R	R	O	S	Ú
K	O	M	N	B	V	C	S	V	B	H	G	J	G	D
L	M	S	Á	E	R	F	O	P	A	S	D	F	U	E
Ç	Z	I	G	R	P	U	N	V	F	R	E	D	S	U
P	O	L	U	I	Ç	Ã	O	W	Q	A	S	D	U	I
B	A	A	A	L	I	E	R	A	R	U	Í	D	O	S
T	E	S	W	S	X	U	A	O	K	I	H	B	F	G

2 Nas ruas de seu bairro há lixeiras para que o lixo seja descartado adequadamente?

_____

_____

3 Assinale com um **X** as atitudes que NÃO colaboram com a preservação do meio ambiente.

☐   ☐   ☐   ☐

PEQUENO CIDADÃO

Coleta seletiva

Você sabe o que é coleta seletiva?
É a coleta diferenciada de resíduos que foram separados de acordo com suas características:

- resíduos recicláveis secos (metal, plástico, vidro, papel etc.);
- resíduos orgânicos que podem virar adubo (folhas secas, restos de refeições, alimentos estragados etc.);
- rejeitos que são enviados para aterros sanitários (fraldas, cotonetes usados etc.).

Os resíduos separados são retirados das moradias pelo serviço público municipal ou, então, por cooperativas de catadores de material reciclável.

Mas, se não houver esses serviços na rua ou no bairro onde mora, você ainda pode separar o lixo e levá-lo até um ponto de entrega.

1. Pesquise se em seu município há um programa de coleta seletiva e descubra informações sobre seu funcionamento: quais são os dias de recolhimento, como o material reciclável deve ser separado etc.
2. Faça sua parte: com as pessoas que são responsáveis por você, separe o lixo de sua casa e colabore para a coleta seletiva no município!

UNIDADE 3
VIDA NA ZONA RURAL

O campo

Como você já estudou, a zona rural é a parte do município que fica fora da zona urbana. A zona rural concentra propriedades como sítios, chácaras e fazendas, com plantações, criações de animais etc.

A água para consumo muitas vezes é fornecida por poços abertos pelo morador em sua propriedade ou captada diretamente dos rios próximos às casas, plantações e criações.

Na zona rural de muitos municípios há também propriedades com água encanada, luz elétrica, tratores, máquinas agrícolas para arar o solo e fazer a colheita.

Agricultura familiar. Venda Nova do Imigrante, Espírito Santo, 2019.

Plantio de milho. Santo Antônio do Leste, Mato Grosso, 2019.

No Brasil, muitas pessoas do campo mudam para a cidade à procura de melhores condições de vida. Antes de 1960, a maioria da população brasileira residia nas zonas rurais. Observe o gráfico a seguir.

Brasil: distribuição percentual da população – 1950-2010

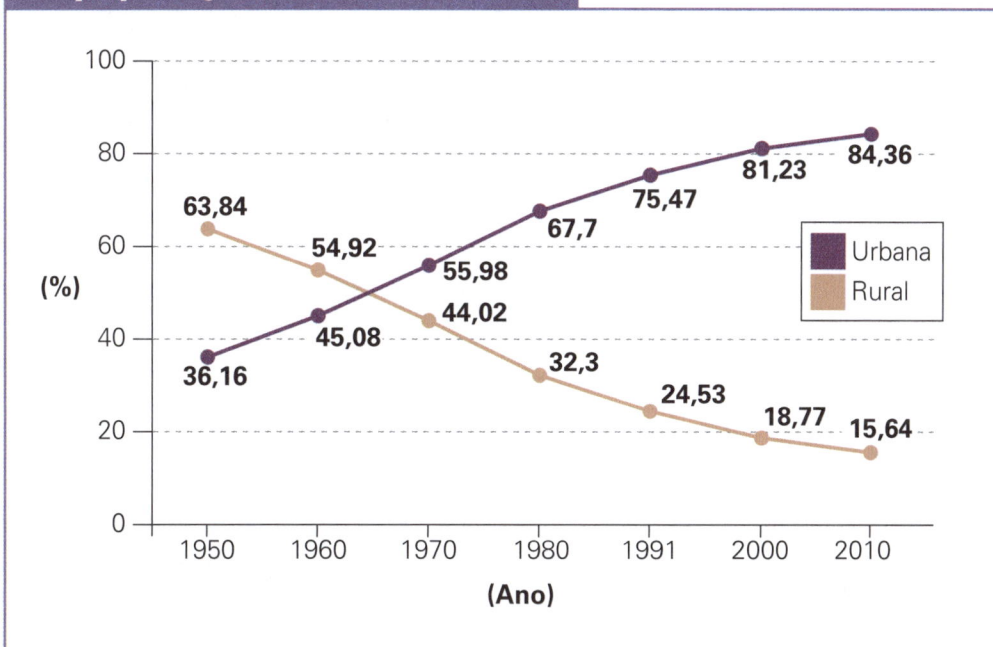

Ano	Urbana (%)	Rural (%)
1950	36,16	63,84
1960	45,08	54,92
1970	55,98	44,02
1980	67,7	32,3
1991	75,47	24,53
2000	81,23	18,77
2010	84,36	15,64

Fonte: IBGE. Séries históricas e estatísticas. In: IBGE. Rio de Janeiro, [2010?]. Disponível em: http://seriesestatisticas.ibge.gov.br/series.aspx?no=10&op=0&vcodigo=CD91&t=populacaositucao-domicilio-populacao-presente-residente. Acesso em: 25 jan. 2020.

No campo, as pessoas:
- cultivam a terra com plantações de vegetais, frutas, cereais e legumes;
- criam animais, principalmente bois, porcos, carneiros, cavalos e galinhas.

Há também fazendas com grandes plantações ou criação de gado para **exportação**.

Como há grande quantidade de estradas de terra na zona rural, utilizam-se muito carroça, caminhão, jipe e animais para transportar pessoas e mercadorias.

Criação de galinhas. Cafarnaum, Bahia, 2019.

GLOSSÁRIO

Exportação: comércio e envio de produtos para outros países.

Condições de vida na zona rural

Na zona rural, as condições de vida ainda são bastante demarcadas por fatores naturais. As estações do ano, por exemplo, influenciam o trabalho nas plantações, pois determinam quais alimentos plantar e em que época colhê-los. Lembre-se de que já conhecemos um calendário indígena, que organiza o tempo de acordo com as estações do ano e os cultivos. A duração do dia influencia a jornada de trabalho dos agricultores e criadores de gado, já que é preciso acordar bem cedo para aproveitar a luz do dia, pois quando anoitece fica difícil plantar, colher e cuidar dos animais.

Procissão para o início dos festejos da Marujada. Bragança, Pará.

Na zona rural também há muitas opções de lazer: participar de festivais, quermesses, cavalgadas e comitivas, nadar em riachos e lagos, pescar, passear na praça etc.

As famílias da zona rural podem morar em sítios, chácaras ou fazendas. As crianças frequentam a escola, assim como as da cidade, e, quando necessário, deslocam-se para a zona urbana a fim de encontrar algum serviço que não seja oferecido na zona rural.

Pessoas nadam no rio. Resende, Rio de Janeiro.

ATIVIDADES

1. Analise o gráfico da página 165 e escreva **V** para verdadeiro e **F** para falso.

    ☐ Durante a década de 1950, a população rural era maior do que a população urbana.

    ☐ Durante a década de 1970, a população urbana ultrapassou a população rural.

    ☐ Desde a década de 1960, a população rural vem aumentando e a população urbana vem diminuindo.

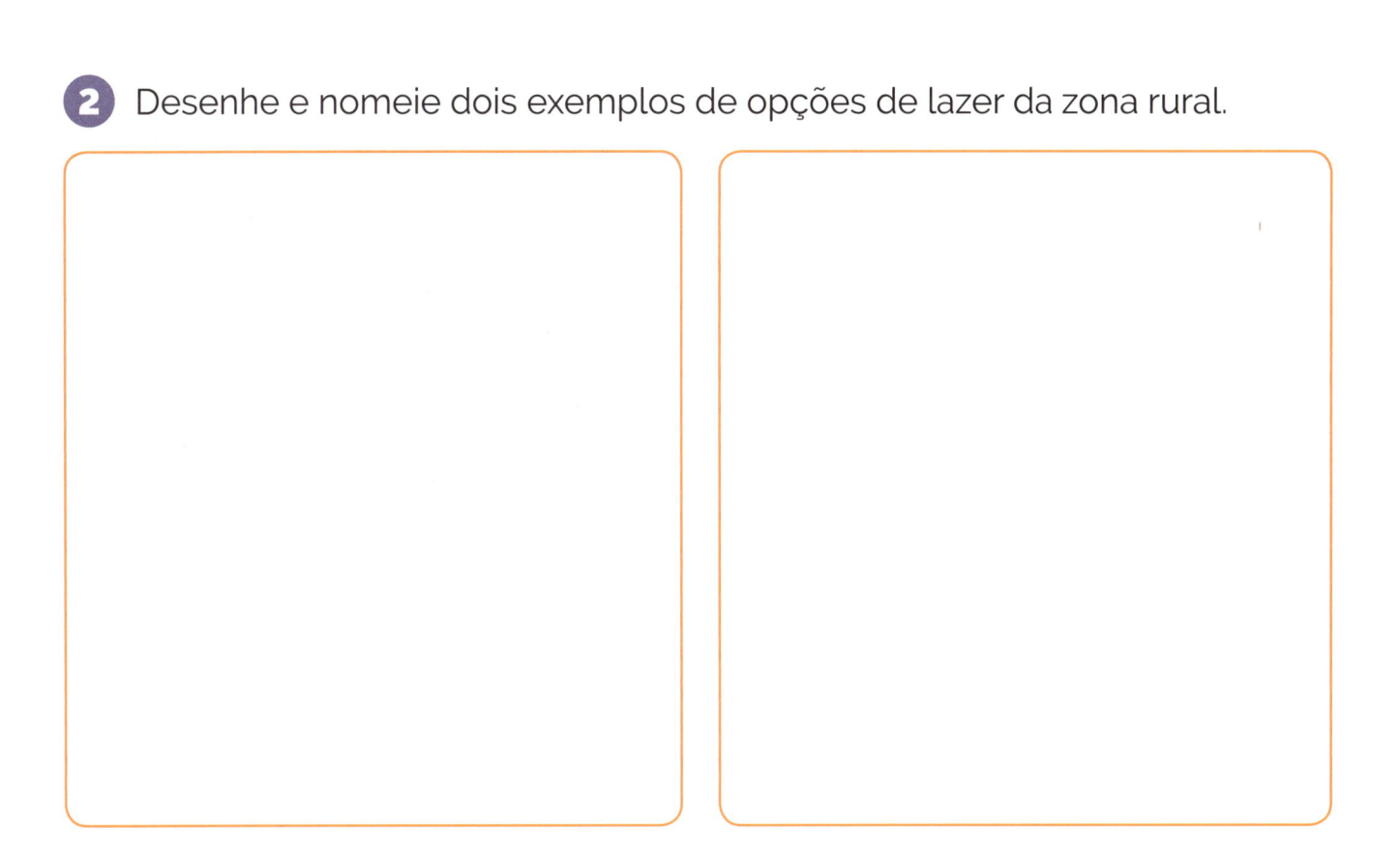

2 Desenhe e nomeie dois exemplos de opções de lazer da zona rural.

O trabalho na zona rural

O trabalhador do campo geralmente dedica-se às atividades ligadas à terra, ao trato de pomares e hortas, à criação de animais, à fabricação de tijolos (olaria), a pequenas indústrias e a outras funções.

Geralmente, nas pequenas propriedades, os trabalhadores do campo também utilizam instrumentos e ferramentas simples, como enxada, foice, machado ou arado puxado por animais, e técnicas tradicionais de cultivo, irrigação e manejo de animais. É a chamada agricultura familiar, responsável por produzir a maioria dos alimentos da população brasileira.

Produção manual da farinha de mandioca. Viana, Maranhão, 2019.

Em outras propriedades, o trabalho dos lavradores (ou agricultores) é feito por máquinas, como colheitadeiras, adubadoras e semeadeiras.

Grande parte dos trabalhadores rurais no Brasil não possui terra própria para cultivar. Por isso, eles trabalham para outras pessoas, recebendo salários muito baixos, ou em terras arrendadas, pagando o arrendamento (espécie de aluguel) delas.

Colheita mecanizada de soja. Formosa do Rio Preto, Bahia.

Outro problema é o desemprego: diversos trabalhadores estão sendo substituídos por máquinas, que podem fazer o trabalho de vários homens ao mesmo tempo e com mais rapidez.

Há também os trabalhadores que vendem suas pequenas propriedades, como sítios, para grandes fazendeiros que querem expandir seus negócios.

Por esses motivos, o trabalhador rural tem deixado o campo e ido para a cidade. Essa saída do campo e ida para a cidade é chamada de **êxodo rural**.

Dessa maneira, o número de moradores na zona rural e de trabalhadores rurais tem diminuído.

Aqueles que se dedicam ao cultivo da terra são chamados de lavradores ou agricultores. Os que cuidam dos animais são os peões, boiadeiros ou vaqueiros. Os vaqueiros (ou retireiros) ordenham o leite das vacas e das cabras. O fazendeiro é o dono da fazenda. Quando ele tem uma grande criação de gado, é chamado pecuarista.

Trabalhador na zona rural de Taquaraçu irriga horta de coentro. Palmas, Tocantins.

ATIVIDADES

1 Escreva **V** para verdadeiro e **F** para falso, de acordo com o texto.

☐ O número de trabalhadores no campo tem diminuído por causa dos baixos salários, do desemprego, da expansão das grandes fazendas e da substituição do trabalho humano pelas máquinas.

☐ Aqueles produtores que se dedicam ao cultivo da terra são chamados pecuaristas.

☐ O lavrador é aquele que se dedica ao cultivo da terra.

☐ O dono da fazenda é chamado de fazendeiro.

☐ Quem tem uma grande criação de gado é chamado de agricultor.

PESQUISANDO

1 Pesquise canções brasileiras que retratam as condições de vida na zona rural. Escreva a letra de uma delas, sem se esquecer de anotar o título da canção e o nome do compositor e do intérprete.

Por fim, grife os trechos que retratam as condições de vida no campo.

_____
_____
_____
_____
_____
_____
_____
_____
_____

BRINCANDO DE GEÓGRAFO

Observe o mapa e faça o que se pede.

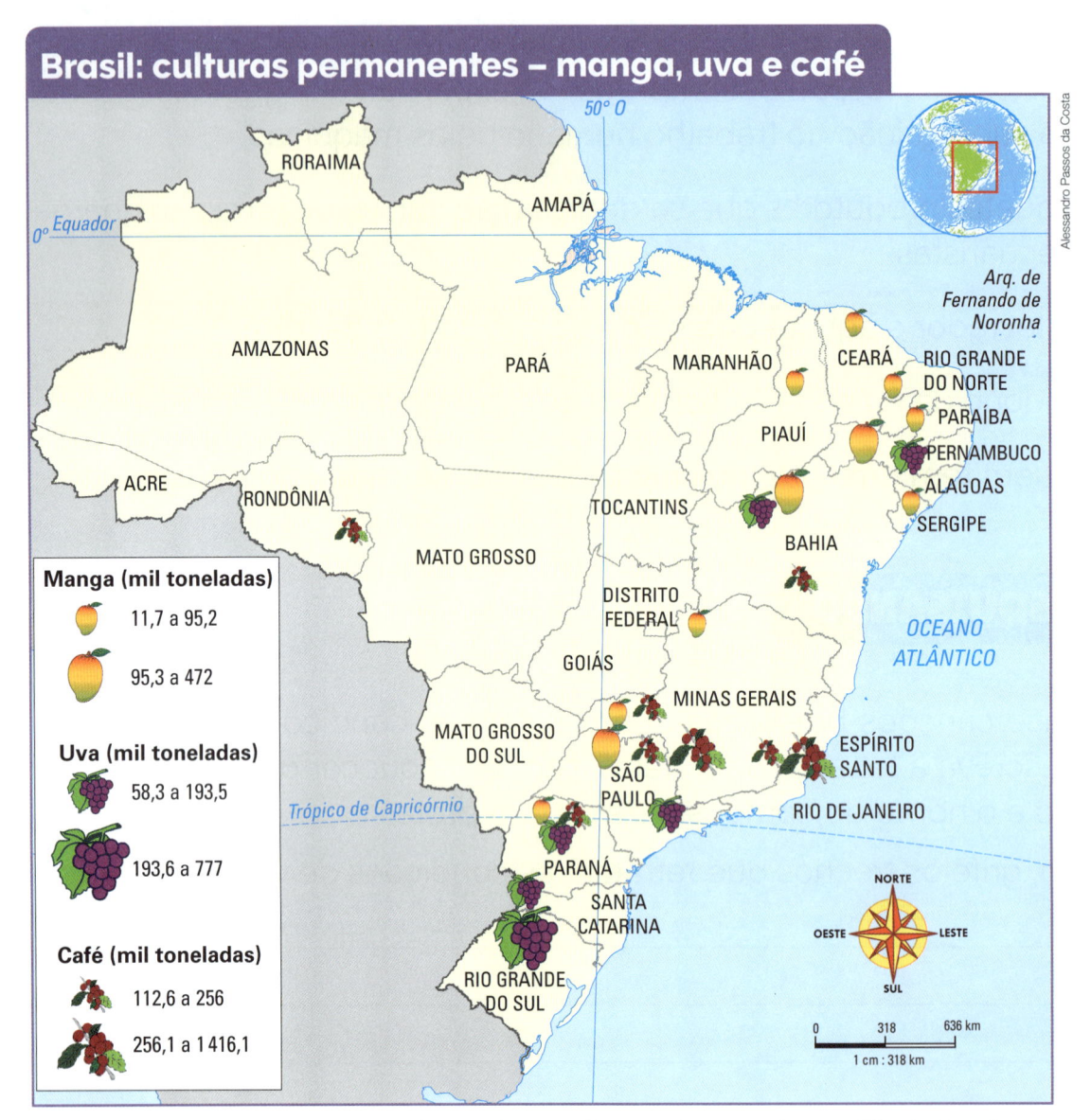

Brasil: culturas permanentes – manga, uva e café

Fonte: IBGE. *Atlas geográfico escolar*. Ensino Fundamental – 6º ao 9º ano. Rio de Janeiro: IBGE, 2010. p. 32.

1 O que os ícones utilizados no mapa representam?

___

2 Cite três estados em que há o cultivo de manga, uva e café.

___

Problemas ambientais no campo

A zona rural tem seus próprios problemas ambientais. O desgaste do **solo** em razão da produção excessiva e a contaminação da **água** são alguns deles.

Quando os grandes fazendeiros exploram demais determinada porção de terra, sem respeitar os ciclos da natureza, ou seja, o tempo que a terra leva para se recuperar e poder voltar a produzir, há um grande desgaste do solo. Essa terra, que antes era fértil, passa a não produzir mais como antes. Isso é muito comum nas terras ocupadas com plantações de cana-de-açúcar, os canaviais.

Trabalhador rural com equipamento de proteção Individual (EPI) aplicando agrotóxico em plantação de pimentões. Ribeirão Branco, São Paulo, 2019.

Desmatamento ilegal dentro da área indígena Uru-eu-wau-wau. Cacaulândia, Rondônia, 2019.

PEQUENO CIDADÃO

O uso de agrotóxicos

Um dos problemas ambientais da zona rural é o uso de agrotóxicos. O Brasil é um dos maiores produtores agropecuários e o país que mais usa agrotóxicos no mundo, e desde 2016 vem aumentando a permissão para o uso deles na produção agrícola. Observe o gráfico abaixo.

Esses produtos podem trazer danos à saúde dos agricultores e dos consumidores e ao ambiente, poluindo solos, rios e águas subterrâneas.

No entanto, há trabalhadores rurais que optam por uma produção agropecuária orgânica e sustentável, sem utilização de nenhum tipo de agrotóxico na plantação, apenas produtos naturais. Esses produtores também criam animais de acordo com o mesmo princípio de respeito à natureza.

Chamamos esse tipo de produção de **agropecuária orgânica** e sustentável.

Quantidade de agrotóxicos liberados no Brasil nos últimos anos

Ano	Número de agrotóxicos
2005	90
2006	110
2007	203
2008	191
2009	137
2010	104
2011	146
2012	168
2013	110
2014	148
2015	139
2016	277
2017	405
2018	450
2019	474

Tarcísio Garbellini

Fonte: Número de agrotóxicos [...]. Uol, São Paulo, 28 nov. 2019. Disponível em: https://noticias.uol.com.br/meio-ambiente/ultimas-noticias/redacao/2019/11/28/com-novas-aprovacoes-liberacao-de-agrotoxicos-ja-e-o-maior-da-historia.htm. Acesso em: 15 maio 2020.

1 Em seu município há produtores orgânicos ou feiras de produtos orgânicos? Converse com seus pais ou responsáveis sobre a qualidade dos alimentos orgânicos.

PAISAGENS RURAIS E URBANAS

UNIDADE 4

Paisagens rurais

Nas paisagens rurais predominam plantações, criações de animais e a exploração dos recursos da natureza (minérios, vegetais e animais).

Essas paisagens foram modificadas, ou seja, o ser humano utilizou seus conhecimentos, técnicas e instrumentos para adaptar o lugar a suas necessidades, seja para comer, beber e vestir-se, seja para viajar e comunicar-se cada vez mais rapidamente.

Paisagem rural. Barra do Garças, Mato Grosso, 2019.

Paisagens urbanas

Nas paisagens urbanas, predominam indústrias, comércios e a prestação de serviços (muitas vezes, especializados).

No meio urbano a paisagem é intensamente modificada pelo ser humano e há poucos elementos naturais não modificados.

Nas cidades, grande parte da população mora distante dos bairros centrais ou centros comerciais e industriais, onde os empregos estão concentrados, e gasta muito tempo para se deslocar da moradia até o local de trabalho. Isso se deve tanto ao aumento da **densidade demográfica** quanto ao fato de que a maioria das pessoas não tem recursos para comprar ou alugar uma moradia no bairro onde trabalham.

Para facilitar o deslocamento da população e de mercadorias são construídas pontes, viadutos e grandes avenidas, além de investimentos no setor de transportes, como ônibus, trens e metrô.

GLOSSÁRIO

Densidade demográfica: relação entre o número de habitantes e a área territorial de determinado lugar.

Paisagem urbana. São Paulo, São Paulo, 2018.

ATIVIDADES

1 Quais são as principais diferenças entre a paisagem urbana e a paisagem rural?

_____

_____

2 Circule de azul duas atividades praticadas na zona rural, e de vermelho duas atividades praticadas na zona urbana.

A	W	N	Ç	T	E	E	R	P	E	C	U	Á	R	I	A
G	L	H	Y	U	I	O	T	L	M	P	C	D	E	W	A
I	N	D	Ú	S	T	R	I	A	A	M	O	T	I	C	A
Q	Y	P	Ç	O	R	T	E	N	A	N	C	Ç	Q	K	L
A	Ç	P	O	T	R	E	W	T	D	F	G	H	J	K	L
W	J	E	A	R	N	E	T	A	A	S	D	R	E	A	I
E	O	Z	S	E	R	V	I	Ç	O	S	L	O	R	T	E
J	W	U	Z	E	I	V	O	Õ	S	E	F	D	R	U	I
A	J	R	O	E	R	T	U	E	M	I	N	U	O	T	R
S	I	O	T	R	Y	S	F	S	C	V	N	B	C	D	E

Paisagens preservadas

O ser humano tem alterado cada vez mais as paisagens naturais. Essas ações ameaçam a **fauna** e a **flora** locais.

Para evitar que locais ainda não transformados sejam alterados, os governos criaram as **áreas de preservação**. Nelas é proibido fazer qualquer atividade que degrade a natureza. A grande maioria dessas áreas se destina ao turismo e à realização de pesquisas científicas.

GLOSSÁRIO

Fauna: conjunto de diversos animais de um local ou região.

Flora: grupo de vegetais (flores e árvores) de um local ou região.

Há pessoas que vivem em algumas dessas áreas, porém elas só podem desenvolver atividades permitidas pelos **órgãos ambientais**. Há ainda comunidades tradicionais que vivem em áreas protegidas e demarcadas, que, além de conservar suas tradições, festas, alimentação e tipo de moradia, ainda mantêm uma relação equilibrada com a natureza.

Brasil: Unidades de Conservação

GLOSSÁRIO

Órgão ambiental: setor do governo responsável pela preservação ambiental.

Fonte: IBGE. *Atlas geográfico escolar*. 6. ed. Rio de Janeiro: IBGE, 2012. p. 106 e 107.

Interdependência entre campo e cidade

Estudamos que na zona urbana e na zona rural são realizadas atividades bem distintas. Por exemplo, no campo é feita a retirada do minério de ferro, que é levado para as indústrias metalúrgicas e siderúrgicas. Elas o transformam em aço para a construção de carros, tratores, colheitadeiras, ônibus e outros produtos, que serão comercializados tanto na cidade quanto no campo.

Dessa forma, percebemos que o campo e a cidade são interdependentes, ou seja, dependem um do outro. O campo precisa da cidade para ter, por exemplo, máquinas, ferramentas, adubos, pesticidas etc. E a cidade precisa do campo para obter diversas matérias-primas para as indústrias.

ATIVIDADES

1 Ligue corretamente as duas colunas.

- ■ Transformam as matérias-primas em produtos que podem ser comercializados tanto na cidade como no campo.

a) fazendas

b) indústrias

- ■ Produzem alimentos para a população e matéria-prima para as indústrias.

2 Desembaralhe as letras e descubra o nome que se dá às áreas criadas pelo governo para evitar a degradação feita pelo ser humano.

> SAEÁR   ED   SRÃOEÇAVERP

3 Observe o mapa "Brasil: Unidades de Conservação", na página 176, e responda às questões.

a) Onde está localizada a maior parte das áreas de proteção ambiental?
___
___

b) Que tipos de áreas de preservação estão representados no mapa?
___
___
___

c) Observe no mapa o estado em que você mora e escreva quais tipos de Unidades de Conservação existem nele.
___
___
___
___
___

4 Observe o esquema a seguir:

- As figuras e as setas representam uma relação entre campo e cidade? Explique.

_____
_____
_____
_____

5. A relação entre campo e cidade é notável no dia a dia das pessoas. Pense nas atividades de seu cotidiano e anote elementos do campo e da cidade que você utilizou ou consumiu hoje.

_____

_____

PEQUENO CIDADÃO

Paisagens culturais

Além da preservação das paisagens naturais, a sociedade se preocupa com a preservação das paisagens culturais. Assim como é importante proteger espécies da fauna e da flora que estão ameaçadas de extinção, é necessário também preservar elementos da cultura, como tradições e festas, músicas e danças, arquitetura e construções que, em muitos casos, são centenárias e têm muita história para contar.

A Igreja de Nossa Senhora do Rosário é um importante elemento cultural da paisagem de Salvador, Bahia. Fotografia de 2019.

1. Pesquise na internet se em sua cidade há algum patrimônio cultural ou histórico. Registre no caderno o nome da construção e conte um pouco sobre ela.

UNIDADE 5
SUPERFÍCIE DA TERRA

Clima

O que é tempo atmosférico? O que é clima?

Na Geografia, **tempo atmosférico** é o estado do ar em determinado local e momento. Ele pode ser quente, frio, úmido, chuvoso ou seco.

Em alguns lugares, as variações do tempo atmosférico citadas acima podem ocorrer no mesmo dia ou em intervalos maiores. Isso acontece por causa da mudança de temperatura, da umidade do ar, dos ventos, da pressão atmosférica e das massas de ar.

Observe na fotografia como o tempo muda.

O tempo atmosférico é dinâmico, está sempre mudando. Vale do Paraíba, visto a partir do Pico Agudo. Santo Antônio do Pinhal, São Paulo, 2018.

O **clima** é a característica que o tempo de determinado local apresenta no decorrer de um período longo (meses ou anos).

O clima varia na Terra de acordo com o local. Há climas frios, quentes, úmidos e secos. Mas o que faz com que tenhamos essa variedade de climas?

Veja a seguir as influências que interferem no clima e o faz tão diverso.

Brasil: clima

Fonte: Gisele Girardi e Jussara Vaz Rosa. *Atlas geográfico do estudante*. São Paulo: FTD, 2011. p. 24.

- **Distância em relação à Linha do Equador (latitude):** quanto mais próxima uma região for da Linha do Equador, mais quente ela será.

- **Proximidade em relação ao mar:** quanto mais próximo do mar estiver um local, mais umidade ele receberá, favorecendo a formação de nuvens e chuvas; quanto mais distante do mar, menos umidade receberá, deixando o clima mais seco.

- **Altitude:** Você já reparou que no topo de montanhas muito altas há neve? Quanto mais alto for um local, mais frio será seu clima.

Monte Aconcágua. Cordilheira dos Andes, Argentina, 2019.

ATIVIDADES

1) Observe o mapa climático brasileiro na página anterior e responda às questões.

a) Quais são os climas encontrados no Brasil?
_____
_____

b) Qual é o clima que predomina no estado em que você mora?
_____
_____

c) Cite algumas características desse clima que você consegue perceber.
_____
_____
_____

2) Observe as fotografias a seguir e responda às questões.

Avenida Paulista. São Paulo, São Paulo, 2019.

Avenida Paulista. São Paulo, São Paulo, 2019.

a) Quais são as diferenças entre uma fotografia e outra que podem ser observadas?
_____
_____

b) As fotografias retratam o clima ou o tempo?
_____
_____

c) Qual desses climas é o mais parecido com o clima da região em que você mora?

_____

d) Qual deles você prefere? Explique.

_____

_____

_____

3 Escreva **C** nas frases referentes ao clima e **T** nas frases relacionadas ao tempo atmosférico.

☐ O Brasil é um país tropical.

☐ O inverno na cidade de São Paulo é seco.

☐ Amanhã fará sol na cidade.

☐ A chuva alagou diversos locais da cidade.

4 Marque as frases que descrevem a relação correta entre clima e local.

a) latitude

☐ Quanto maior a latitude do local, mais quente ele é.

☐ Quanto mais próximo da Linha do Equador, mais quente é o local.

☐ Quanto maior a latitude do local, menor sua temperatura.

b) proximidade do mar

☐ Quanto mais próximo do mar, mais úmido é o local.

☐ Quanto mais afastado do mar, mais úmido é o local.

☐ Quanto mais próximo do mar, mais seco é o local.

c) altitude

☐ Quanto maior a altitude, menor a temperatura do local.

☐ Quanto mais alto, mais quente é o local.

☐ Quanto menor a altitude, mais frio é o local.

SAIBA MAIS

Como a temperatura pode variar de acordo com o local, horário e época do ano, há aparelhos que medem essas mudanças.

- Pluviômetro: mede a quantidade de chuva.
- Barômetro: mede a pressão atmosférica.

Pluviômetro.

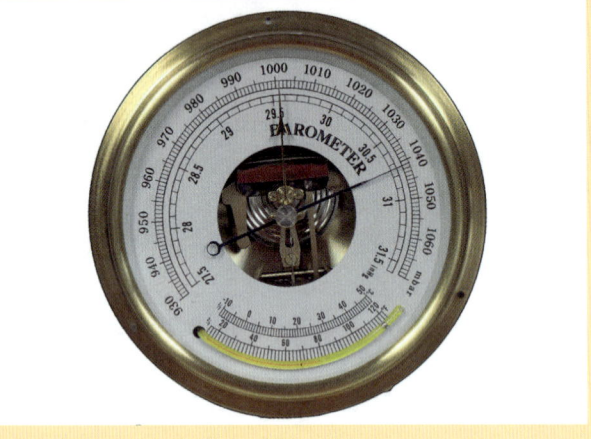

Barômetro.

- Anemômetro: mede a velocidade do vento.
- Termômetro: mede a temperatura.

Anemômetro.

Termômetro.

PESQUISANDO

1. Pesquise as influências climáticas que atuam em seu município. Anote no caderno as informações pesquisadas.

BRINCANDO DE GEÓGRAFO

"Hoje, no período da tarde, choveu 10 milímetros." Você já ouviu algo parecido nos noticiários e quadros de previsão do tempo? A quantidade de chuva é medida em milímetros, e o pluviômetro é o aparelho que mede a quantidade de chuva em determinado lugar.

1 Que tal construirmos nosso próprio pluviômetro?

Material:
- 1 garrafa PET lisa de 2 litros;
- pedrinhas ou bolinhas de gude;
- 1 régua;
- 1 tesoura;
- fita adesiva colorida;
- água;
- anilina ou corante.

Como fazer

1. Peça a ajuda de um adulto e corte a garrafa na altura em que ela deixa de ser curva e começa a ficar reta, a aproximadamente 10 centímetros do bico.
2. Preencha 5 centímetros da base da garrafa com as pedrinhas ou bolinhas de gude. Adicione água até cobri-las e coloque algumas gotas de corante.
3. Cole um pedaço de fita adesiva colorida na altura do nível da água.
4. Com a fita adesiva, cole a régua na garrafa, no sentido vertical, fazendo com que o número zero da régua coincida com o nível da água.
5. Encaixe a parte superior da garrafa na base, como se fosse um funil.
6. Coloque o pluviômetro em um lugar plano e aberto, sem obstáculos próximos. Após a chuva, observe quantos milímetros a água subiu em relação ao nível inicial e descubra o quanto choveu!

Vegetação

Vegetação é o conjunto de plantas que nascem, crescem e se desenvolvem naturalmente.

Cada região tem seu tipo de vegetação, que depende muito do clima, do relevo e do tipo de solo, ou seja, das condições que não são iguais em todos os lugares.

Nos locais em que chove muito, há uma grande quantidade de tipos de planta e árvore.

As chuvas abundantes e as altas temperaturas proporcionam à Floresta Amazônica uma rica diversidade de espécies vegetais. Terra indígena Uru-eu-wau-wau. Governador Jorge Teixeira, Rondônia, 2019.

Já onde as chuvas são escassas, nascem poucas plantas e as árvores e outras espécies vegetais costumam ser de pequeno porte, como nas áreas de caatinga. Observe a imagem a seguir.

Os cactos são plantas com características adequadas a ambientes com pouca chuva. Cactos xique-xique. Aldeia Tuxa, Itacuruba, Pernambuco, 2019.

Entre os vários tipos de vegetação do Brasil, destacam-se: o cerrado, a caatinga, o manguezal, o campo, a floresta ou mata, o pantanal e a vegetação costeira ou vegetação de restinga.

Observe o mapa a seguir.

Brasil: vegetação original

Fonte: Gisele Girardi e Jussara Vaz Rosa. *Atlas geográfico do estudante*. São Paulo: FTD, 2011. p. 26.

O **cerrado** é formado por árvores pequenas, baixas, de troncos retorcidos, que crescem afastadas umas das outras. É próprio dos locais quentes e semiáridos ou semissecos.

Cerrado. Mateiros, Tocantins.

A **caatinga** é formada por plantas com espinhos e folhas grossas, que guardam muita água, como o cacto. É uma vegetação própria das regiões quentes e secas.

Caatinga. Caicó, Rio Grande do Norte, 2020.

O **manguezal** pode ser encontrado no litoral e em lugares alagados. É formado por plantas baixas e rasteiras, e também por um tipo de vegetação com raízes aéreas, uma adaptação natural para a variação do nível da água. Muitos peixes se reproduzem nos mangues.

Mangue. Algodoal, Pará, 2017.

O **campo** é formado por plantas baixas, nas quais predominam espécies de gramíneas. É muito aproveitado para pastos de gado.

Campo. Rosário do Sul, Rio Grande do Sul, 2020.

Floresta ou **mata** é o tipo de vegetação formado por altas árvores que crescem muito perto umas das outras.

No Brasil, há a Floresta Amazônica, onde predominam árvores com mais de 30 metros de altura, e a Mata Atlântica, uma das florestas mais ricas em **biodiversidade** do mundo.

Floresta Amazônica. Rio Cuieiras. Manaus, Amazonas, 2018.

As **vegetações costeiras** ou **vegetação de restinga** são formações vegetais encontradas em solos arenosos das regiões litorâneas. Fazem parte da Mata Atlântica. Lembre-se da relação dessa formação vegetal com o oceano que a nomeia.

Na vegetação costeira há várias espécies de plantas que o ser humano usa em sua alimentação, na Medicina e como parte da ornamentação (decoração).

Mata Atlântica. Parque Nacional Guaricana. Morretes, Paraná, 2019.

GLOSSÁRIO

Biodiversidade: variedade de seres vivos (animais e vegetais) de um lugar ou região.

Vegetação costeira (restinga). Parque Estadual Ilha do Mel. Paranaguá, Paraná, 2019.

O **pantanal** é uma grande área inundada de água com uma flora muito rica, formada por plantas de cerrado, da Amazônia e de outros lugares próximos. Essa é uma característica fundamental do pantanal, a diversidade de tipos de vegetação, o que levou à utilização da expressão "mosaico" para definir seu tipo de formação.

Lá, encontramos campos, plantas aquáticas submersas ou flutuantes. Nas águas permanentes são comuns esses tipos de planta, importantes para a sobrevivência dos peixes.

Pantanal. Aquidauana, Mato Grosso do Sul, 2018.

ATIVIDADES

1 Escreva **V** para verdadeiro e **F** para falso.

☐ Vegetação é o conjunto de plantas que nascem, crescem e se desenvolvem naturalmente, sem necessidade de interferência do ser humano.

☐ A vegetação é igual em todas as regiões do Brasil e do mundo, independentemente do relevo, do tipo de solo e do clima.

☐ O Brasil tem uma grande variedade de vegetação.

2 Existem três tipos de vegetação no Brasil intimamente ligados à presença da água. Quais são eles? Cite uma característica dessas vegetações que confirma essa afirmação.

- Tipo de vegetação: _____

- Tipo de vegetação: _____

- Tipo de vegetação: _____

3 Para formar o nome das vegetações descritas, decifre os códigos de acordo com o diagrama abaixo.

	1	2	3	4
A	M	S	D	L
B	Z	F	A	T
C	O	W	E	Y
D	C	R	P	K

a) Vegetação formada por grandes árvores que crescem muito perto umas das outras.

B-2	A-4	C-1	D-2	C-3	A-2	B-4	B-3

b) Vegetação formada por árvores baixas e retorcidas, distantes umas das outras.

D-1	C-3	D-2	D-2	B-3	A-3	C-1

c) Vegetação formada predominantemente por espécies de gramíneas.

D-1	B-3	A-1	D-3	C-1

4 Na cidade onde você mora, ainda existe vegetação nativa? Em que lugares?

_____

5 Qual é o tipo de vegetação predominante em seu estado? Desenhe-a, destacando as principais características dela.

PESQUISANDO

1 Entre todos os tipos de vegetação que você conheceu nesta unidade, escolha um e pesquise ao menos uma espécie nativa ameaçada de extinção.

Anote no caderno o nome da espécie, onde ela pode ser encontrada e as características dela. Numa folha de papel à parte, cole uma ou mais imagens da espécie ou desenhe-a.

Você e os colegas de turma podem compartilhar as informações pesquisadas e expor as imagens, apresentando a espécie pesquisada e conhecendo outras por meio da pesquisa de todos.

SAIBA MAIS

Nas florestas e matas, o ser humano encontra grande fonte de riqueza. Elas são muito importantes porque protegem os rios e solos necessários à vida humana, além de servir de abrigo a diversos animais, que, assim como o ser humano, tiram delas o alimento para sobreviver.

Vários produtos podem ser aproveitados das florestas, como frutos, folhas, madeira, seivas e muitos outros; mas o aproveitamento desses recursos deve ser feito com métodos apropriados. Devem-se respeitar as leis e as práticas de uso sustentável de árvores e outras plantas nativas para que as florestas e matas não desapareçam. Elas precisam ser preservadas, pois, sem elas, não há vida.

Reflorestamento de eucalipto. Campo Magro, Paraná, 2018.

Relevo

Observando a paisagem, notamos que os terrenos não são iguais. As diferentes formas da superfície terrestre são chamadas de **relevo**.

Chapada Diamantina. Palmeiras, Bahia, 2019.

Altitude é a medida vertical de um lugar em relação ao nível do mar. Quanto mais alta a forma de relevo em relação ao nível do mar, maior será a altitude.

Vamos estudar agora algumas formas de relevo.

- **Montanhas** são as maiores elevações de terra. Um conjunto de montanhas forma uma serra ou uma cordilheira.

Montanhas. Monte Manaslu. Himalaia, Nepal, 2017.

- **Depressão** é uma forma de relevo aplainada e localizada em nível mais baixo que as áreas ao redor.

Depressão no município de São Pedro, São Paulo, 2018.

- **Planícies** são terras planas localizadas geralmente em terrenos baixos.

Área de planície. São Sebastião do Uatumã, Amazonas, 2018.

- **Planaltos** são terrenos com elevações, geralmente mais altos que planícies. Neles, ocorre o processo de desgaste do relevo.

Planalto na Serra da Mantiqueira. Resende, Rio de Janeiro, 2017.

- **Monte** é uma elevação de terra menor que uma montanha. Os pequenos montes são chamados de morros ou colinas. O ponto mais alto de uma montanha ou de um monte chama-se cume.

Morro do Aghá. Piúma, Espírito Santo, 2018.

- **Vale** é uma área mais baixa, cercada por montanhas ou colinas, na qual normalmente corre um rio.

Divisa dos estados de Alagoas e Sergipe. Piranhas, Alagoas, 2019.

- **Escarpa** é um monte com grande inclinação, que forma um penhasco.

Escarpa no município de São José dos Ausentes, Rio Grande do Sul, 2017.

SAIBA MAIS

As ilhas, assim como os continentes, são porções de terra cercadas de água por todos os lados. A diferença entre as ilhas e os continentes é a extensão territorial: as ilhas são muito pequenas em comparação com os continentes.

Vamos conhecer três tipos de ilhas: as ilhas costeiras, as ilhas oceânicas e as ilhas artificiais.

Próxima à costa, a ilha é formada pelo mesmo material rochoso do continente. Esse material sofre desgaste e é invadido pela água do oceano, deixando isoladas as porções de terra que vêm a formar as ilhas costeiras.

Ilhas da Galheta e do Mel. Paranaguá, Paraná.

As ilhas vulcânicas são formadas pela atividade de vulcões no leito dos oceanos. Elas estão espalhadas e normalmente isoladas. São muito novas em comparação com as ilhas costeiras e várias delas ainda têm atividade vulcânica.

Vulcão Stromboli. Stromboli, Itália, 2018.

Os seres humanos criaram ilhas artificiais para atender a suas necessidades de expansão territorial. Habitualmente próximas ao continente, essas ilhas demandam grandes obras e muita tecnologia para seu uso e manutenção.

Ilha de Palma, Dubai, 2018.

ATIVIDADES

1 Observe o mapa do relevo do Brasil e responda às questões.

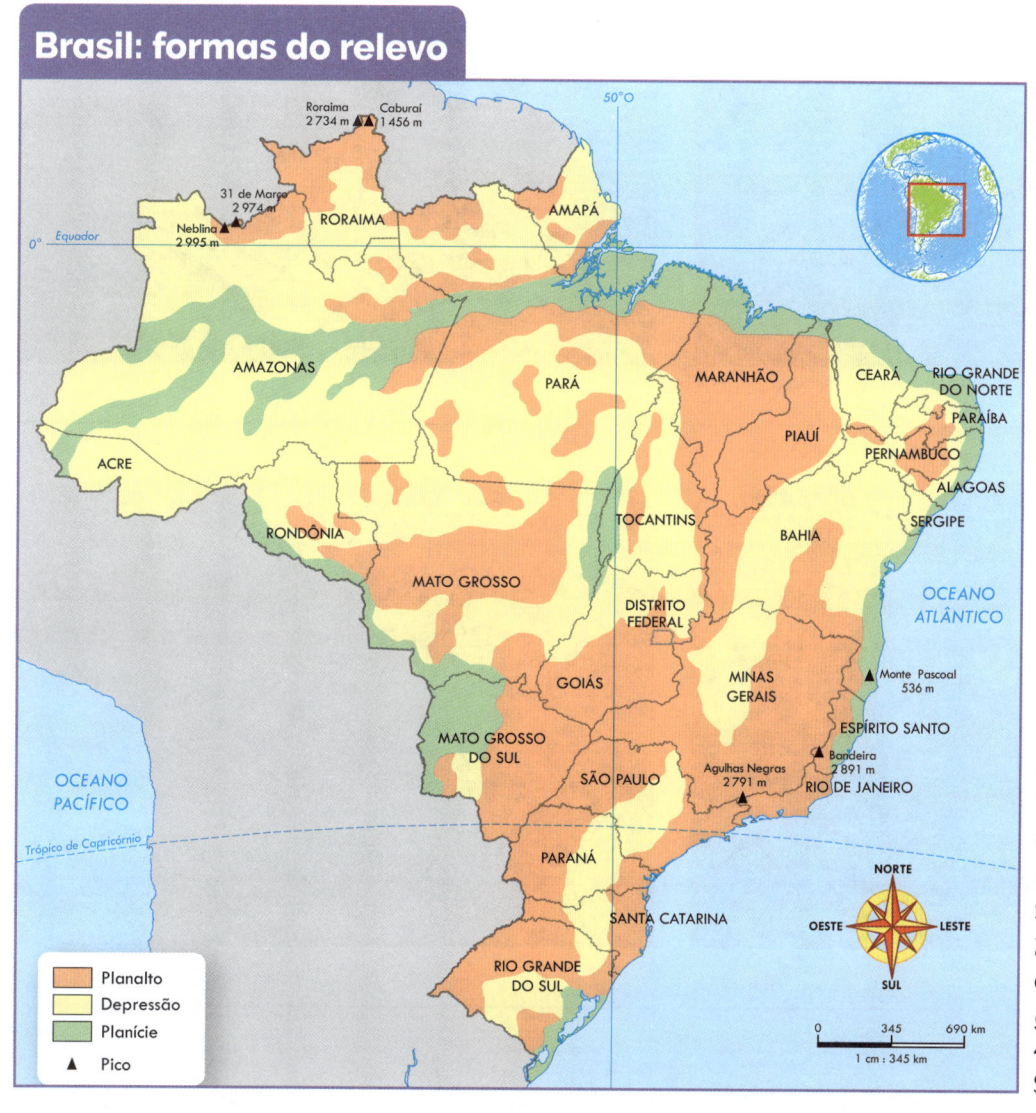

Brasil: formas do relevo

Fontes: Jurandyr Luciano Sanches Ross (org.). *Geografia do Brasil*. 6. ed. São Paulo: Edusp, 2011; Vera Caldini e Leda Ísola. *Atlas geográfico Saraiva*. 4. ed. São Paulo: Saraiva, 2013. p. 33.

a) Que formas de relevo encontradas no Brasil estão representadas no mapa?

_____

_____

b) Quais são as formas de relevo encontradas em seu estado?

_____

c) Qual é a forma de relevo predominante na região da Floresta Amazônica?

_____

2 Observe as fotografias e identifique a forma de relevo de cada uma.

As transformações do relevo

O ambiente é modificado pelo ser humano e por ações da natureza.

A água da chuva desgasta o solo, em geral nas partes mais altas da superfície. Ao longo do tempo, o vento e a água levam terra e areia (sedimentos) de um lugar para o outro, causando desgaste ao terreno e modificando-o. Chamamos esse fenômeno de **erosão**.

Muitas vezes o ser humano faz modificações que prejudicam o meio ambiente.

É o que acontece, por exemplo, quando árvores são derrubadas sem necessidade. Como a vegetação protege o solo, quando ela é retirada, deixa o solo exposto à água da chuva e ao vento, o que pode causar deslizamentos e movimentação de terra, com sérias consequências.

Falésia formada por ação erosiva. Praia das Ostras. Prado, Bahia, 2017.

Voçorocas formadas por ação erosiva. Ritápolis, Minas Gerais, 2018.

ATIVIDADES

1 Ligue corretamente o agente transformador do relevo ao processo de transformação.

a) água

b) vento

c) ser humano

- Sua força arrasta a terra pelo solo e até transporta sedimentos, como a areia, pelos ares, levando-os para outros lugares.
- Faz modificações que prejudicam o meio ambiente. Um exemplo é a derrubada de árvores sem necessidade, o que expõe o solo às águas da chuva e ao vento.
- As partes mais altas da superfície são atingidas por esse agente ao longo de muito tempo. Ele desgasta o solo, que, aos poucos, vai se modificando.

2 O que é erosão?

_____
_____

3 Qual é a relação entre um deslizamento de terra e o desmatamento da vegetação em uma área de montes?

_____
_____

4 Pesquise imagens de algumas modificações do solo feitas por pessoas, escolha algumas delas e cole no espaço a seguir.

Rios

Os rios são cursos naturais de água que nascem em lugares mais altos e seguem em direção a lugares mais baixos, até desaguarem em outro rio, lago ou oceano.

Eles são bem diversificados e podem ser muito úteis: servem para navegação, abastecimento de água à população (residências, indústrias e comércio), lazer, pesca, produção de energia elétrica etc.

O Brasil tem uma grande rede hidrográfica (conjunto de rios). Observe o mapa abaixo.

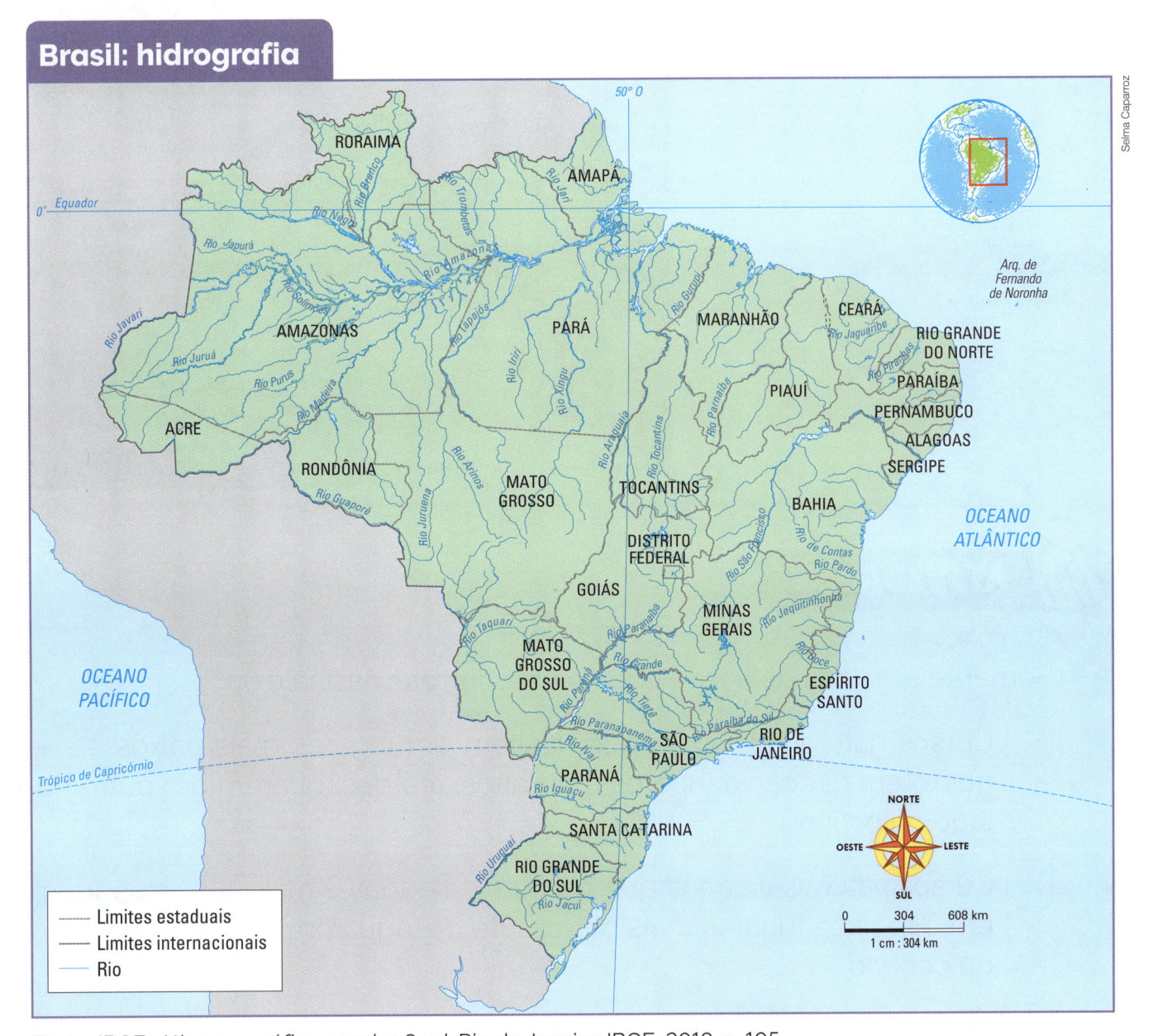

Brasil: hidrografia

Fonte: IBGE. *Atlas geográfico escolar*. 8 ed. Rio de Janeiro: IBGE, 2018. p. 105.

As partes de um rio são:

- nascente – onde nasce o rio;
- curso – caminho do rio;
- leito – terreno sobre o qual as águas do rio correm;
- margens – terras ao lado do rio (margem direita e margem esquerda);
- foz – onde o rio deságua;
- afluente – rio que deságua em um rio principal;
- subafluente – rio que deságua em um afluente.

ATIVIDADES

1 Somente uma das definições de rio está correta. Assinale-a.

☐ Cursos naturais de água que nascem em lugares mais baixos e seguem em direção a lugares mais altos, até desaguarem em outro rio, lago ou oceano.

☐ Cursos naturais de água que nascem em lugares mais altos e seguem em direção a lugares mais baixos, até desaguarem em outro rio, lago ou oceano.

☐ Toda grande porção de água salgada que separa os continentes da Terra.

Recursos naturais

Recursos naturais são riquezas encontradas na natureza e aproveitadas pelo ser humano em seu benefício. O Sol, o ar, a água, os vegetais, o solo e os minerais são exemplos de recursos naturais.

Os tipos de recurso natural

Os recursos naturais podem ser classificados em dois tipos, descritos a seguir.

- **Não renováveis:** são aqueles que se esgotam, ou seja, que não podem ser repostos. Exemplos: o petróleo e os minerais.

Para evitar o esgotamento dos recursos não renováveis – ou seja, finitos –, é necessário criar alternativas que substituam esses recursos, já tão escassos, cuja extração e cujo uso causam sérios problemas ao meio ambiente.

Plataforma de extração de petróleo. Rio de Janeiro, 2017.

- **Renováveis:** são aqueles que, uma vez utilizados pelo ser humano, podem ser repostos. Exemplos: a vegetação (que pode ser reposta por meio do reflorestamento), a água, o ar, o solo etc.

Área de silvicultura, aproveitamento comercial da madeira. Plantação de eucalipto. Água Boa, Minas Gerais, 2019.

Usina hidrelétrica. Barragem da Usina Hidrelétrica Foz do Chapecó, no Rio Uruguai. Águas de Chapecó, Santa Catarina, 2018.

O **solo** é um importante recurso natural, pois nele podemos desenvolver a agricultura, fazer construções etc.

Preparo do solo para plantio. Herculândia, São Paulo.

Atualmente, para reparar danos aos solos, há a preocupação com o **reflorestamento**, ou seja, o plantio de novas árvores no lugar das que foram derrubadas.

Geralmente, os recursos naturais são destruídos pelo ser humano quando ele:

- faz queimadas, que deixam o solo impróprio para as plantações;
- derruba as árvores sem necessidade, pondo em risco as florestas;

Área de reflorestamento. Itu, São Paulo.

- deixa de fazer o reflorestamento, ou seja, de plantar novas árvores no lugar das que foram derrubadas;
- pratica a caça e a pesca desordenadamente;
- polui o ar, o solo e os rios, prejudicando a saúde das pessoas e dos animais.

> **SAIBA MAIS**
>
> No Brasil existe um órgão do governo chamado Instituto Brasileiro do Meio Ambiente e dos Recursos Naturais Renováveis (Ibama).
>
> Esse instituto promove atividades de educação ambiental, cadastro e fiscalização de produtores e empresas, programas nacionais de combate aos incêndios florestais e ao desmatamento ilegal, além de emitir licenças e publicar relatórios e pesquisas sobre o meio ambiente e a biodiversidade do país.
>
> A pesquisa, a divulgação de informações e a fiscalização são fundamentais para garantir o uso sustentável e a preservação dos recursos naturais.

ATIVIDADES

1 Por que devemos criar alternativas ao uso dos recursos não renováveis?

_____
_____

2 O que são recursos naturais renováveis? Dê exemplos.

_____
_____

3 As frases a seguir contêm informações incorretas. Reescreva-as corretamente.

a) O processo de erosão fortalece o solo.

_____
_____

b) Para o bem-estar do solo, é recomendável fazer queimadas e desmatar constantemente.

_____
_____
_____

c) Durante a erosão, o solo não perde partículas e nutrientes.

_____
_____

d) Atualmente não é mais necessário proteger e conservar os recursos naturais.

_____
_____
_____

e) O solo fértil dificulta a germinação das sementes.

_____
_____

4 Complete as frases com as palavras do quadro a seguir.

> erosão   desmatamento   recursos   reflorestamento   vegetação

a) _____ naturais são riquezas encontradas na natureza e utilizadas pelo ser humano em seu benefício.

b) A _____ é o conjunto de plantas que nascem, crescem e se desenvolvem de maneira natural.

c) A _____ é o desgaste do solo pela ação da natureza (chuvas, ventos, Sol etc.).

d) O _____ é a derrubada de grande quantidade de árvores de um local.

e) O _____ repara os prejuízos causados pela derrubada das árvores.

PEQUENO CIDADÃO

A energia solar

Precisamos repensar a produção e o consumo de energia a fim de preservarmos os recursos naturais e garantir a todos o acesso a eles, hoje e no futuro. Mas quais são as alternativas?

Uma delas é a energia solar. Para produzi-la, capta-se a luz do Sol com um equipamento chamado placa fotovoltaica, que é feita de silício, um tipo de semimetal que sofre uma reação quando entra em contato com a luz do Sol, produzindo energia elétrica.

As placas fotovoltaicas podem ser instaladas nos telhados de moradias, de indústrias ou até mesmo em áreas enormes, chamadas de parques solares, o que possibilita grande produção de energia.

Confira algumas vantagens da energia solar:
- é limpa, pois não emite poluentes na atmosfera;
- é renovável, pois sua fonte é o Sol;
- é econômica, porque a placa fotovoltaica não exige muito gasto com manutenção e, após o investimento inicial, a energia produzida não tem nenhum custo.

Painéis solares em telhados de residências. São Sebastião do Paraíso, Minas Gerais.

Parque solar. Ribeira do Piauí, Piauí.

1. Relacione o uso de alternativas para produção de energia com os princípios de cidadania e sustentabilidade.

UNIDADE 6
BRASIL: O PAÍS E SUA POPULAÇÃO

A população brasileira

Observe atentamente o mapa ao lado.

É importante saber que o Brasil é formado por uma população diversificada. Cada pessoa tem características próprias, o que está relacionado com a família dela, o lugar em que ela vive, a época e a cultura na qual está inserida.

Esse grupo de características é chamado de elementos socioculturais. Além das diferenças culturais, é possível caracterizar uma população pela sua língua materna – a forma pela qual se comunica – considerando que há uma variedade linguística muito grande.

Brasil: distribuição da população por cor e raça – 2017

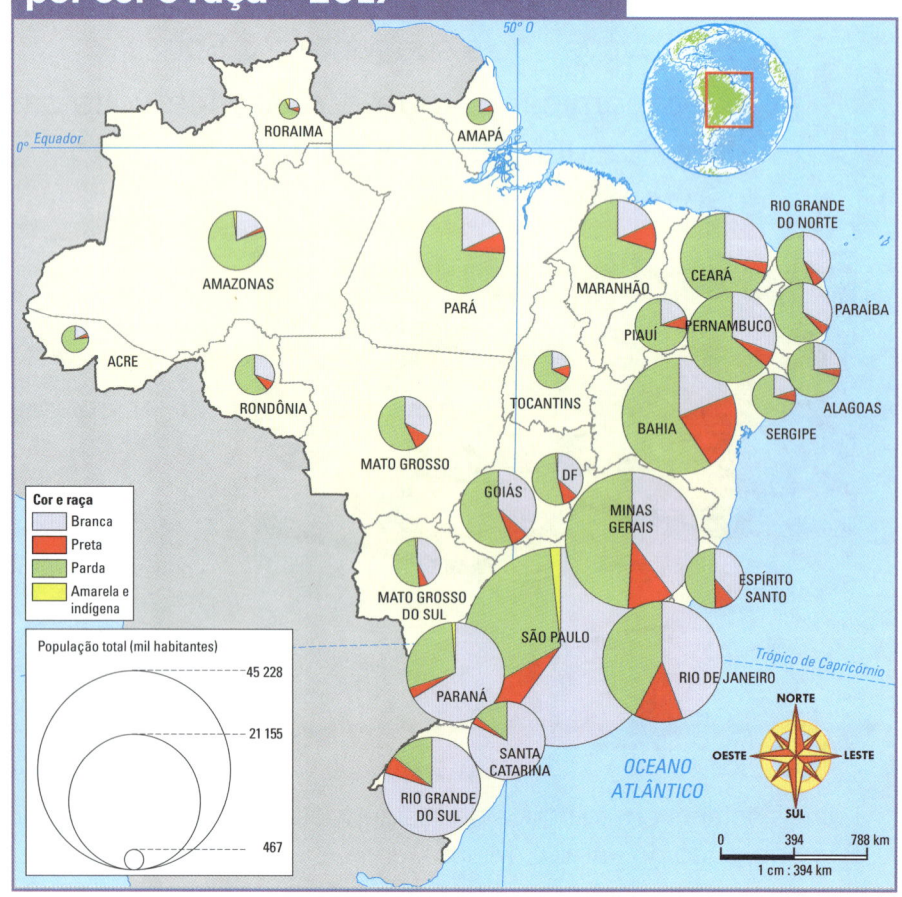

Cor e raça:
- Branca
- Preta
- Parda
- Amarela e indígena

População total (mil habitantes): 45 228 / 21 155 / 467

1 cm : 394 km

Fonte: IBGE. Distribuição da população. Rio de Janeiro: IBGE, [201-]. Disponível em: https://atlasescolar.ibge.gov.br/images/atlas/mapas_brasil/brasil_populacao_cor_e_raca.pdf. Acesso em: 24 jul. 2020.

Chamamos de etnia a cultura e a forma de comunicação de um povo. Os componentes étnicos brasileiros estão relacionados principalmente a três povos: indígenas, africanos e europeus.

Como será que eles chegaram aqui? Os indígenas já estavam no Brasil quando os portugueses chegaram. Por isso, a partir da chegada deles ao Brasil, foi possível mapear o processo de imigração, que ocorreu tanto pelo advento da colonização como pela necessidade de dar refúgio a europeus, em razão das guerras. Imigração é, portanto, a chegada de uma pessoa a um novo local.

PESQUISANDO

1 Sobre o processo de migração de pessoas e grupos de pessoas, pesquise as palavras que estão em destaque e relacione com os respectivos significados.

> 1. diáspora – 2. diversidade – 3. emigração – 4. etnia – 5. refugiado

- ☐ Indivíduo que se mudou para um lugar seguro, buscando proteção.
- ☐ Separação de um povo ou de muitas pessoas, por diversos lugares.
- ☐ Deixar provisória ou permanentemente um país para residir em outro.
- ☐ Conjunto diverso, múltiplo, composto por várias coisas ou pessoas; multiplicidade.
- ☐ Coletividade que se diferencia por suas especificidades (cultura, religião, língua, modo de agir etc.) e que tem a mesma origem e história.

2 Elabore um pequeno texto relacionando duas palavras da atividade 1 com a formação da população de seu local de vivência.

_____
_____
_____
_____
_____

População

População é o conjunto de todos os habitantes de um lugar. Ela aumenta ou diminui de acordo com o número de pessoas que nascem ou morrem e que chegam a um lugar ou saem dele para morar em outros.

Os municípios recebem moradores de outros municípios, estados e países.

Os moradores vindos de outros estados são chamados de **migrantes**, e os de outros países, de **imigrantes**.

Os imigrantes no Brasil

Muitas pessoas saem de seu país de origem e vêm para o Brasil em busca de novas oportunidades.

São vários os motivos que fazem as pessoas saírem de seu país em busca de um novo lar. Guerras, desemprego e perseguições políticas são alguns exemplos.

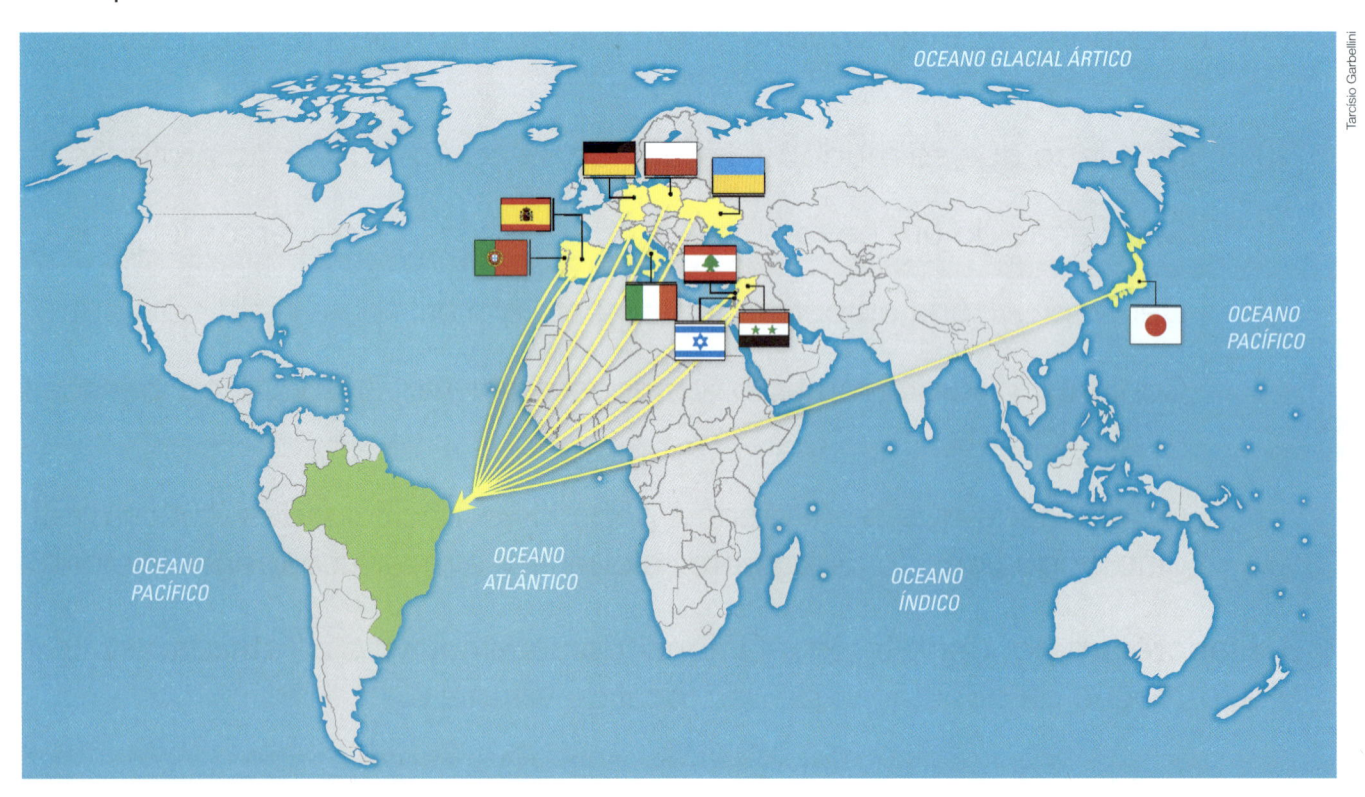

1 Identifique as bandeiras representadas no mapa.

_____
_____
_____

Entre o final do século XIX e meados do século XX, o Brasil recebeu, entre outros povos, muitos portugueses, italianos, espanhóis, alemães, japoneses, sírios e turcos, que vieram para trabalhar no campo, principalmente nas lavouras de café, e na cidade, sobretudo nas indústrias dos estados de São Paulo e Rio de Janeiro.

Atualmente, o Brasil tem recebido muitos sírios, bolivianos, haitianos, nigerianos, congoleses, angolanos e senegaleses.

! SAIBA MAIS

A vinda de venezuelanos, haitianos e bolivianos ao Brasil é resultante da crise econômica dos países, cujos habitantes, em determinadas regiões, sofrem com a escassez de alimentos e de outros itens básicos. Muitos se deslocam do país de origem para o território brasileiro com o objetivo de comprar remédios e produtos, ou procuram, em nosso país, um novo local de moradia e trabalho, ou ainda somente passam por aqui, com destino a outros países vizinhos.

Segundo a campanha de conscientização do Museu da Imigração do Estado de São Paulo, é importante saber que a chegada de um migrante ou refugiado ao país não significa um emprego a menos para os brasileiros. A economia é muito dinâmica. Essa população proporciona ao país crescimento econômico e ainda contribui com o Estado pagando impostos e consumindo produtos e serviços locais. Destaca-se também o intercâmbio cultural, pois a migração proporciona a troca de conhecimentos, a fim de constituir uma sociedade diversificada, que respeita as diferenças. Afinal, todos estão em busca de uma vida digna e acesso melhor à saúde e educação, além de oportunidades de trabalho.

Imigrantes bolivianos fazem o cadastramento para participar das eleições presidenciais da Bolívia. São Paulo, São Paulo, 2019.

Crescimento da população brasileira

Observe no gráfico o crescimento da população brasileira.

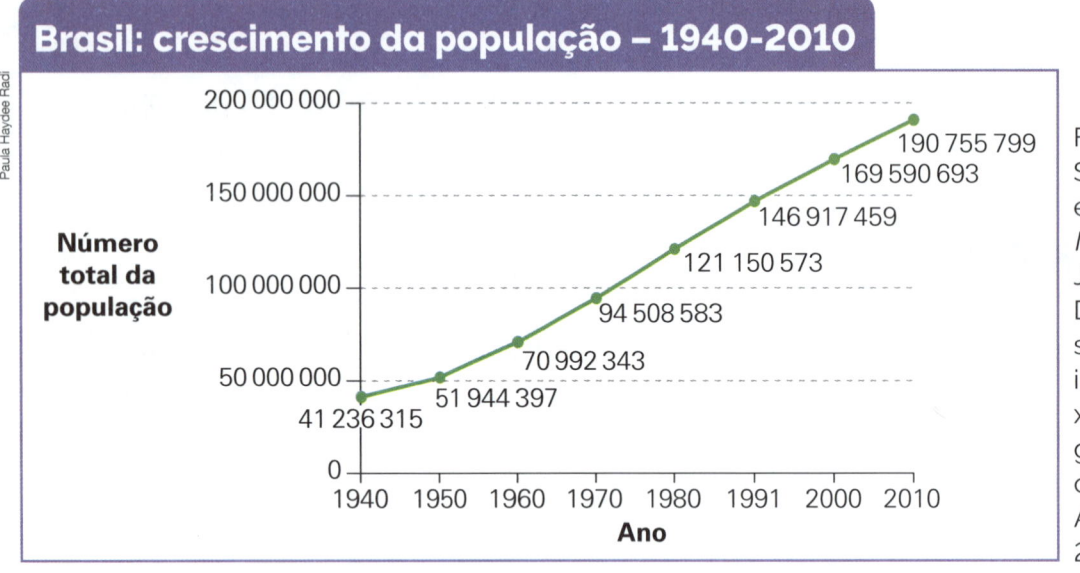

Brasil: crescimento da população – 1940-2010

Número total da população:
- 1940: 41 236 315
- 1950: 51 944 397
- 1960: 70 992 343
- 1970: 94 508 583
- 1980: 121 150 573
- 1991: 146 917 459
- 2000: 169 590 693
- 2010: 190 755 799

Fonte: IBGE. Séries históricas e estatísticas. In: IBGE. Rio de Janeiro, [2010?]. Disponível em: http://seriesestatisticas.ibge.gov.br/series.aspx?no=10&op=0&vcodigo=CD90&t=populacaopresente-residente. Acesso em: 24 jul. 2020.

Veja a seguir como estava distribuída a população brasileira quando foi realizado o Censo 2010.

Brasil: população – 2010

População (habitantes):
- 0 a 1 562 409
- 1 562 410 a 3 118 360
- 3 118 361 a 3 766 528
- 3 766 529 a 8 452 381
- 8 452 382 a 41 262 199

1 cm : 410 km

Fonte: IBGE. Atlas geográfico escolar. 8. ed. Rio de Janeiro: IBGE, 2018. p. 32-33.

ATIVIDADES

1) Com base no gráfico do crescimento da população brasileira da página 212, responda às questões.

a) Qual é a diferença demográfica entre a população brasileira de 1940 e a de 2010?

_____

_____

b) Em que ano você nasceu? Qual era a população do Brasil na época?

_____

c) E o ano de nascimento de seus pais e avós? Descubra essas datas e encontre no gráfico qual era a população brasileira na época do nascimento deles. Anote as informações abaixo.

_____

d) Em que década a população brasileira mais cresceu? Em qual quantidade?

_____

_____

_____

2) Cite três grupos de imigrantes que chegaram ao Brasil entre o final do século XIX e meados do século XX.

_____

3) Escreva **F** nas afirmativas falsas e **V** nas verdadeiras.

a) ☐ População é o conjunto de habitantes de um lugar.

b) ☐ Moradores vindos de outros estados são chamados de imigrantes.

c) ☐ As pessoas que vão morar em outros estados são chamadas de migrantes.

d) ☐ Pessoas que chegam de outros países são chamadas de migrantes.

e) ☐ Para saber quantos habitantes há em um município, o governo faz o recenseamento.

BRINCANDO DE GEÓGRAFO

Vamos pôr em prática os novos conhecimentos?

Para isso, pesquise com os familiares sua herança cultural. Mãos à obra!

1. Entreviste alguém de sua família que tenha as informações necessárias.

- Nome: _____
- Idade: _____
- Gênero:

  ☐ Feminino.

  ☐ Masculino.

  ☐ Prefiro não dizer.

  Outro: _____

- Autodeclaração de cor/etnia (critério do IBGE):

  ☐ Preto.

  ☐ Pardo.

  ☐ Branco.

  ☐ Amarelo.

  ☐ Indígena.

  ☐ Prefiro não declarar.

  Outro: _____

- Indique sua origem familiar entre as alternativas a seguir (assinale uma ou mais opções).

  ☐ Africana.

  ☐ Centro-americana.

  ☐ Europeia.

☐ Indígena.

☐ Judaica.

☐ Norte-americana.

☐ Oriente Médio – síria, libanesa, armênia.

☐ Sul-americana.

☐ Não sei.

Outra: _____

- Qual é sua comida predileta? Qual é o país de origem dela?
_____

2. Com o professor e os colegas, montem uma tabela com os dados registrados nos questionários. Verifiquem quais informações se repetiram mais e quais se repetiram menos.

3. A partir dos dados organizados na tabela, elabore um gráfico em seu caderno.

PEQUENO CIDADÃO

A diversidade da população brasileira

A população brasileira é muito diversificada. Entre os mais de 190 milhões de habitantes, há negros (pretos e pardos), brancos, indígenas e mestiços.

Na última Pesquisa Nacional por Amostra de Domicílio (2001-2011), outro tipo de contagem estabelecido pelo governo, mais de 51% dos entrevistados se declararam pretos ou pardos, cerca de 47% se declararam brancos e 0,4% se declararam indígenas.

Cada um a seu modo, somos todos iguais. Isso significa que, entre outras coisas, todos temos os mesmos direitos e os mesmos deveres como cidadãos brasileiros. Entre esses direitos está o de não ser discriminado, e é nosso dever não discriminar ninguém pela cor da pele ou etnia, por exemplo.

1. Procure em publicações, como revistas e jornais, rostos de brasileiros de todas as cores e etnias. Com esse material, faça uma colagem, na página seguinte, para representar a grande diversidade da população brasileira.

PESQUISANDO

1 Pesquise se há em sua família pessoas que tenham vindo de outros países para morar no Brasil. Escreva o nome dessas pessoas, o grau de parentesco, o país de origem e o motivo da imigração.

_____
_____
_____

UNIDADE 7
ATIVIDADES ECONÔMICAS

Agricultura

A agricultura é o ato de cultivar a terra. Trata-se de uma **atividade econômica** muito importante para a sociedade, pois produz alimentos para a população e matéria-prima para as indústrias.

O tipo de solo e o clima interferem na escolha do que será cultivado. Quanto mais adequados eles forem para aquele plantio, melhor será a qualidade do que for cultivado.

Há plantas, como a cana-de-açúcar, que se adaptam melhor ao clima quente e úmido; outras, como o trigo, adaptam-se melhor ao clima frio.

No Brasil cultivam-se vários produtos que são bem adaptados ao clima quente de boa parte do país. É o caso da cana-de-açúcar, do café e do cacau.

Além do solo e do clima, a agricultura depende muito do trabalho do ser humano e das condições de investimento do produtor.

GLOSSÁRIO

Atividade econômica: ação de produção, distribuição e comercialização de produtos.

Trabalhadores rurais. Ibiúna, São Paulo.

Para que a colheita renda uma boa produção, é necessário:
- adubar o solo, conservando-o sempre bom para o plantio;
- irrigar, isto é, molhar os terrenos secos;
- drenar o solo, ou seja, retirar o excesso de água dos terrenos encharcados;
- evitar queimar o mato (queimadas) na hora de limpar o terreno;
- combater as pragas evitando o uso abusivo de agrotóxicos;
- fazer curvas nos terrenos inclinados, as chamadas "curvas de nível", para impedir que a água da chuva leve a camada fértil do solo.

O agricultor, também chamado de produtor rural, pode ser **latifundiário** ou **camponês**.

Por ocasião da colheita de cana-de-açúcar, café, algodão e laranja, é muito comum a participação dos **boias-frias**: homens e mulheres que trabalham principalmente nessa época. Eles não têm emprego fixo, são trabalhadores temporários, moram, em geral, em cidades próximas a plantações e diariamente são levados em caminhões até as fazendas onde trabalham.

Eles têm esse nome porque, na hora do almoço, depois de já terem trabalhado muitas horas, não há local para esquentar a marmita e, por isso, comem a refeição fria.

Irrigação mecânica. Ibiúna, São Paulo.

Trabalhadores rurais temporários. Santa Mariana, Paraná.

GLOSSÁRIO

Camponês: proprietário de uma pequena porção de terra na qual trabalha com sua família ou com alguns poucos empregados.

Latifundiário: proprietário de grandes fazendas, com muitos empregados para trabalhar em sua propriedade.

ATIVIDADES

1 Ligue corretamente as duas colunas.

- ■ O melhor tipo de solo para o cultivo do café.

a) drenagem

- ■ Técnica usada na agricultura para retirar o excesso de água dos terrenos encharcados.

b) irrigação

c) latossolo ou terra roxa

- ■ Técnica para molhar a terra onde chove pouco.

Pecuária

Pecuária é a atividade de criação e tratamento do gado. É uma atividade econômica muito importante porque, assim como a agricultura, fornece alimento para a população e matéria-prima para as indústrias.

Há vários tipos de rebanho no Brasil, destacando-se as criações a seguir.

- Bovino: bois e vacas.
- Bufalino: búfalos.
- Suíno: porcos.
- Caprino: cabras.
- Ovino: ovelhas e carneiros.
- Muar: mulas, burros.
- Equino: cavalos.
- Asinino: asnos, jumentos.

Rebanho bovino.

Rebanho suíno.

Rebanho caprino.

Há várias atividades associadas à criação de animais.

Grande parte da produção de leite é transformada em leite pasteurizado, ou seja, próprio para o consumo humano, além de derivados como queijo, requeijão, manteiga, iogurte, creme de leite etc.

A criação de gado de corte, o gado para fornecimento de carne, é uma importante atividade desenvolvida em grandes propriedades rurais.

Fábrica de queijo artesanal. Alagoa, Minas Gerais, 2020.

O gado bovino é o maior rebanho do Brasil. O segundo maior rebanho é o suíno, que nos dá carne, gordura, toucinho e couro.

Para que a qualidade dos produtos seja apropriada ao consumo humano, os animais precisam de cuidados especiais, como vacinas para evitar doenças, água para beber, alimentação adequada, higiene e bons lugares de pastagem.

Há outras criações, além dos vários tipos de criação de gado.
- Avicultura: criação de aves.
- Apicultura: criação de abelhas.
- Piscicultura: criação de peixes.
- Ranicultura: criação de rãs.

ATIVIDADES

1 Por que a pecuária é importante?

_____
_____
_____

2 Cite três tipos de rebanho criados pelos pecuaristas no Brasil.

_____
_____

Indústria

A **indústria** é outro exemplo de atividade econômica. É o conjunto de operações que transformam, por meio de equipamentos, matéria-prima em diversos produtos direcionados ao consumo humano. Os donos das indústrias são chamados de industriais, e as pessoas que trabalham nas indústrias são os operários ou industriários.

Matéria-prima, como você já estudou, é a substância bruta (em estado natural) utilizada pela indústria, essencial para a fabricação de artigos industrializados. Por exemplo, na fabricação de móveis, a indústria precisa de madeira e, na de sapatos, de couro e borracha. A madeira, o couro e a borracha são matérias-primas.

Para a instalação de uma indústria, é necessário:
- dinheiro (chamado de capital) para construir a fábrica, comprar máquinas e matérias-primas;
- operários especializados que saibam trabalhar com as máquinas;
- energia para movimentar as máquinas;
- matéria-prima para a fabricação dos produtos.

Em geral, as fábricas ficam próximo de rodovias, portos, aeroportos e linhas de trem para receber a matéria-prima e depois transportar o produto final.

Os industriais também procuram facilitar ao máximo o acesso dos trabalhadores até as fábricas, com meios de transporte eficientes.

Indústrias muito poluentes devem ficar afastadas dos centros das cidades, longe da maior parte da população. Em alguns municípios há áreas reservadas para a instalação de fábricas. Presidente Prudente, São Paulo, 2019.

Tipos de indústria

A indústria pode ser **extrativa** ou de **transformação**.

A **indústria extrativa** retira matéria-prima da natureza.

Quando o ser humano extrai os minérios das rochas, por exemplo, ele está fazendo **extrativismo mineral**.

Os minerais que podem ser aproveitados pelo ser humano em alguma atividade produtiva são chamados de recursos minerais, como a areia, as pedras preciosas, o ouro, a prata, o ferro, o manganês, o cobre, a bauxita etc.

Pátio de minério de ferro da empresa Vale no Porto de Itaqui. São Luís, Maranhão, 2019.

O petróleo e o gás natural são considerados recursos fósseis não renováveis.

Quando o ser humano extrai produtos de árvores, como a seringueira, ele está fazendo **extrativismo vegetal**. Quando pesca ou caça, está fazendo **extrativismo animal**.

GLOSSÁRIO

Fóssil: tudo o que se extrai de dentro da terra; restos de animais e vegetais mortos e enterrados há muito tempo, como os dinossauros.

Observe o mapa a seguir, que mostra a distribuição dos recursos minerais pelo Brasil.

A **indústria de transformação**, como o próprio nome diz, transforma a matéria-prima em produtos industrializados.

Há uma grande variedade de indústrias de transformação: alimentícia, automobilística, metalúrgica, de artigos elétricos, de tecidos, de produtos farmacêuticos etc.

Muitas vezes, para a fabricação de um único produto são necessárias várias matérias-primas e diversos processos industriais.

Para que o automóvel fique pronto, por exemplo, são necessários aço e ferro para o motor e a carroceria, borracha para os pneus, vidro para as janelas, tecido para os bancos etc. Dessa forma, para a fabricação de um único produto, o carro, são necessários vários produtos e diferentes matérias-primas.

Brasil: recursos minerais

Fonte: Graça Maria Lemos Ferreira. *Atlas geográfico: espaço mundial.* São Paulo: Moderna, 2010. p. 121.

Indústria de automóveis. São José dos Pinhais, Paraná, 2018.

ATIVIDADES

1 Quais são as principais características da:

a) indústria extrativa?

_____

_____

_____

b) indústria de transformação?

_____

_____

_____

_____

2 Indique com a letra **E** os itens relacionados à indústria extrativa e com a letra **T** os relacionados à indústria de transformação.

☐ Retira as matérias-primas diretamente de sua fonte.

☐ Utiliza a matéria-prima para produzir diversos itens, desde alimentos até ferramentas.

☐ Há uma grande variedade: indústria alimentícia, automobilística, metalúrgica etc.

☐ Depende da disponibilidade dos recursos minerais, que são finitos.

3 Escreva em que tipo de produto a matéria-prima indicada pode ser transformada pela indústria.

a) madeira

_____

b) leite

_____

c) cana-de-açúcar

_____

4 Circule com lápis verde o que é imprescindível para a instalação de uma fábrica.

A

Máquinas.

B

Matéria-prima.

C

Animais.

D

Terreno plano.

E

Dinheiro (capital).

F

Operários.

BRINCANDO DE GEÓGRAFO

1 Observe o mapa e depois faça o que se pede.

Brasil: distribuição das empresas industriais

Número de empresas industriais extrativas e de transformação, por município
- ○ Menos de 1 000
- ○ 1 001 a 5 000
- ○ 5 001 a 10 000
- ○ Mais de 10 001
- □ Capital de país
- ■ Capital de estado

Fonte: IBGE. Distribuição espacial [...]. Rio de Janeiro: IBGE, [201-]. Disponível em: https://atlasescolar.ibge.gov.br/images/atlas/mapas_brasil/brasil_distribuicao_industrias.pdf. Acesso em: 24 jul. 2020.

a) O que o mapa acima representa?

_____

b) De acordo com o mapa, em que estados há maior concentração de empresas industriais no território brasileiro?

_____

_____

Comércio

O **comércio** é a atividade econômica de troca, compra e venda de mercadorias (produtos).

A atividade comercial pode ser de **exportação** (quando se vendem mercadorias para outros municípios, estados ou países) ou de **importação** (quando se compram mercadorias de outros municípios, estados ou países).

O comércio também pode ser **atacadista** (compra e venda de produtos em grandes quantidades) ou **varejista** (compra e venda de produtos em pequenas quantidades).

Muitas indústrias, para vender seus produtos, contratam distribuidoras e representantes, que são os responsáveis pela venda dos produtos nas mais diversas localidades.

Há pessoas que compram o produto para uso próprio, outras para revender.

Os donos dos estabelecimentos comerciais (farmácias, padarias, supermercados, livrarias, açougues etc.) são os **comerciantes** ou **negociantes**, que compram produtos para revender.

Os empregados (vendedores, caixas, gerentes etc.) são os **comerciários**.

Quem compra as mercadorias para uso próprio é o **consumidor final**.

Há, em algumas regiões do país, as **feiras livres**, que oferecem grande variedade de mercadorias.

Nos centros urbanos encontramos os vendedores ambulantes e os camelôs, que vendem produtos nacionais e estrangeiros.

Para haver comércio são necessários meios de transporte adequados, além de portos, estradas e ferrovias para a troca de produtos.

Nos centros urbanos são comercializados diversos serviços especializados, como os tecnológicos, de telecomunicações, de saúde, de centros educacionais e de pesquisa.

ATIVIDADES

1 Escolha um produto e descreva no caderno o percurso de produção dele, desde a obtenção da matéria-prima até a chegada ao consumidor. Veja o exemplo a seguir.

> lápis → exploração da madeira → transporte para a fábrica → transformação da madeira em lápis → transporte para a papelaria → consumidor final

2 Indique qual imagem representa o comércio atacadista e qual representa o comércio varejista.

A Companhia de Entrepostos e Armazéns Gerais de São Paulo (Ceagesp). São Paulo, São Paulo.

B Comércio de frutas, verduras e legumes. Bandeirantes, Paraná.

PESQUISANDO

1 Existem muitos estabelecimentos comerciais para atender à população. Pesquise que tipos de comércio oferecem os produtos indicados a seguir e escreva no caderno.

a) Frutas, verduras e temperos.

b) Roupas para crianças e adultos, roupas de cama e de banho.

c) Utensílios para casa, como espelho, prendedores de roupa, vasos e potes.

d) Aparelhos eletrônicos, como telefone, computador, rádio, ferro de passar roupa.

PEQUENO CIDADÃO

Direitos do consumidor

O consumidor, ou seja, a pessoa que adquire ou utiliza um produto ou serviço no comércio, é protegido por direitos garantidos em lei. São os direitos do consumidor.

Se ele se sentiu desrespeitado ou ficou insatisfeito com a aquisição de algum produto ou serviço que não considerou adequado – como produtos com defeito ou fora da validade –, basta procurar a agência do Programa de Proteção e Defesa do Consumidor (Procon) mais próxima.

Conheça alguns dos direitos básicos do consumidor, previstos na Lei nº 8.078, de 1990:

"Art. 6º São direitos básicos do consumidor:

[...] a informação adequada e clara sobre os diferentes produtos e serviços, com especificação correta de quantidade, características, composição, qualidade, tributos incidentes e preço, bem como sobre os riscos que apresentem [...]

[...] a adequada e eficaz prestação dos serviços públicos em geral [...]"

Brasil. *Lei nº 8.078, de 11 de setembro de 1990*. Disponível em: www.planalto.gov.br/ccivil_03/leis/L8078.htm. Acesso em: 15 maio 2020.

1 Com a ajuda de seus pais ou responsáveis, vá até o armário da cozinha ou despensa, escolha aleatoriamente um produto alimentício e anote, em uma folha de papel à parte, as informações a seguir.

- nome do produto
- nome da indústria
- data de fabricação
- data de validade

MEIOS DE TRANSPORTE

UNIDADE 8

Os tipos de meios de transporte

Os meios de transporte foram criados para facilitar e **agilizar** a movimentação de pessoas e mercadorias.

Você já imaginou como seria se não existissem bicicletas, carros, ônibus, caminhões, aviões e trens? Tudo demoraria muito mais tempo para chegar a seu destino.

Ônibus.

Avião.

Trem.

Além de levar as pessoas de um lugar a outro, os meios de transporte são muito importantes para transportar animais e cargas, como alimentos e matérias-primas para a fabricação de diversos produtos.

GLOSSÁRIO

Agilizar: dar rapidez e velocidade.

Os meios de transporte, em todo o mundo, variam conforme a região e a finalidade a que servem. Eles podem ser:

- **terrestres**, movimentando-se no solo (nas rodovias e ferrovias), como o ônibus, o metrô, o caminhão, a carroça, o trem, a bicicleta, entre outros;
- **aquáticos**, locomovendo-se em hidrovias, ou seja, na água (nos oceanos, lagos, represas, rios), como a canoa, o navio, o barco, a moto aquática, a balsa, entre outros;
- **aéreos**, deslocando-se pelo ar, em aerovias, como o avião e o helicóptero.

Todos os meios de transporte que circulam nessas vias formam a **rede de transportes**.

Veja no mapa a seguir as redes de transporte do Brasil.

Brasil: redes de transporte

Fonte: IBGE. *Atlas geográfico escolar*. 8. ed. Rio de Janeiro: IBGE, 2018. p. 143.

Transporte rodoviário

É o principal sistema de transporte do Brasil.

O transporte rodoviário é feito por ônibus, automóveis, motocicleta e caminhões. Eles levam pessoas e mercadorias pelas rodovias que ligam os estados e estes a alguns países.

A maior parte das rodovias brasileiras é pavimentada, mas ainda há muitas estradas de terra, sem revestimento ou mal preservadas.

Observe o mapa a seguir, que mostra as estradas pavimentadas no Brasil.

Brasil: rede rodoviária

Fonte: IBGE. Evolução das redes [...]. Rio de Janeiro: IBGE, [201-]. Disponível em: https://atlasescolar.ibge.gov.br/images/atlas/mapas_brasil/brasil_evolucao_das_redes_ferroviaria_e_rodoviaria.pdf. Acesso em: 25 jul. 2020.

ATIVIDADES

1 Observe atentamente o mapa da página anterior e faça o que se pede.

a) A rede rodoviária está distribuída igualmente em todo o Brasil?

_____
_____

b) Como é a rede rodoviária no estado em que você mora?

_____
_____

c) Circule no mapa as áreas que apresentam maior concentração de rodovias.

Transporte ferroviário

Os trens e metrôs são meios de transporte ferroviários.

O metrô é um moderno e rápido transporte coletivo ferroviário urbano. Ele transporta milhares de pessoas por dia. No entanto, só é encontrado nas grandes metrópoles.

O transporte ferroviário, por ter um custo menor, é bastante usado para levar grandes cargas de mercadorias.

O transporte ferroviário conduz, em muitos casos, moradores das periferias e subúrbios ao centro das cidades, ou moradores de uma cidade a outra, como ocorre nas regiões metropolitanas. Fortaleza, Ceará, 2018.

Transporte hidroviário

O transporte hidroviário ou aquático é muito importante no Brasil, pois é por meio dele que se realiza boa parte dos comércios interno e externo brasileiros. Ele pode ser:

- **lacustre** – navegação em lagos, como a Lagoa dos Patos e o Lago Guaíba, no Rio Grande do Sul;
- **fluvial** – navegação em rios, como os da Bacia Amazônica, da Bacia do Paraguai e da Bacia do São Francisco;
- **marítimo** – navegação em oceanos, como ocorre com os navios que saem dos portos de Santos e de Salvador, entre outros.

Belém, Pará, 2017.

Transporte aeroviário

Cômodo e seguro, ele percorre rapidamente longas distâncias.

Para a operação de transporte aéreo é necessário construir estruturas muito especiais, que encarecem a tarifa desse meio de transporte em comparação com os outros.

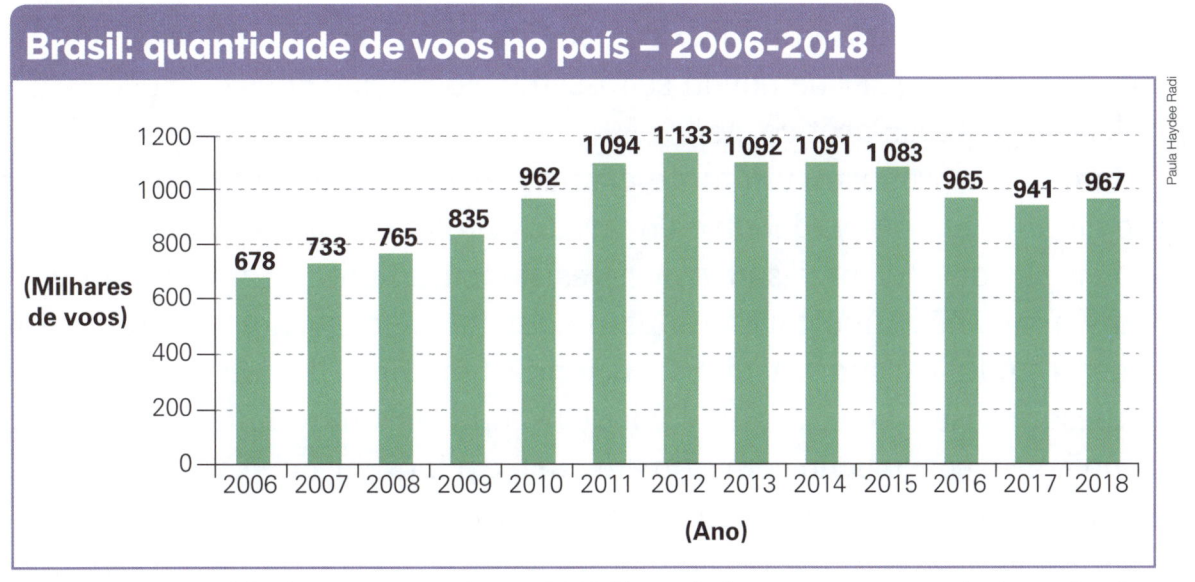

Brasil: quantidade de voos no país – 2006-2018

Ano	Milhares de voos
2006	678
2007	733
2008	765
2009	835
2010	962
2011	1 094
2012	1 133
2013	1 092
2014	1 091
2015	1 083
2016	965
2017	941
2018	967

Fonte: ANAC. *Anuário do transporte aéreo – 2015*. Disponível em: www.anac.gov.br/assuntos/dados-e-estatisticas/mercado-de-transporte-aereo/anuario-do-transporte-aereo/anuario-do-transporte-aereo. Acesso em: 15 maio 2020.

> **! SAIBA MAIS**

Como foi construído o primeiro metrô do mundo?

Ele foi construído em Londres, há mais de 150 anos. [...]

A construção desse novo sistema de transporte foi essencial para Londres, a maior cidade do mundo na época. Só ao longo do século 19, a metrópole passou de 1 milhão de habitantes para 6,5 milhões.

Por volta de 1850, o trânsito de pedestres, cavalos e carroças já estava insuportável [...]. Para acabar com o tormento, a administração local pensava em uma forma de levar para o centro as linhas ferroviárias que passavam nos limites da cidade.

A ideia de fazer isso no nível do solo logo foi descartada, pois metade de Londres precisaria ser demolida se fossem colocados trilhos e estações na superfície. Algo pouco prático, né?

Uma outra proposta, um tanto exótica para a época, era colocar os trens para circular em túneis debaixo da terra. Na falta de alternativa melhor, essa ideia emplacou. Mas precisou vencer resistências. Muita gente acreditava que os tais túneis não suportariam o peso da cidade e os jornais aproveitaram a onda para publicar manchetes sensacionalistas, como "Londres vai afundar!".

Apesar dessa e de outras dificuldades – como arrumar dinheiro para a obra faraônica – a construção começou em 1860 e a inauguração, três anos depois, foi um sucesso: 40 mil passageiros no primeiro dia. [...]

Como foi construído o primeiro metrô do mundo? MUNDO ESTRANHO 01/06/2003 Edição 16 Páginas 82-83 https://super.abril.com.br/mundo-estranho/como-foi-construido-o-primeiro-metro-do-mundo/ Crédito: Alexandre Versignassi / Abril Comunicações S.A.

ATIVIDADES

1 Relacione as informações sobre as três modalidades de transporte a seguir ligando os quadros.

De superfície ou subterrâneo.	transporte hidroviário	Muito rápido e eficiente para longas distâncias.
Feito em rios, lagos, mares e oceanos.	transporte aeroviário	Utiliza locomotivas e vagões de passageiros e de cargas.
O deslocamento é feito no ar, em aerovias.	transporte ferroviário	Muito eficiente no escoamento de produtos até os portos.

2 Que meios de transporte são utilizados em seu município?

_____
_____

PESQUISANDO

Grandes eventos – como a Copa do Mundo de 2014, que aconteceu no Brasil – demandam melhorias nas redes de transporte, devido ao grande número de visitantes que vêm às cidades.

1 Pesquise na internet se em seu estado houve projetos de melhorias no transporte nos últimos anos. Anote as informações no caderno e compartilhe-as com a turma.

PEQUENO CIDADÃO

Serviços de atendimento ao usuário

É um direito do cidadão ser servido por meios de transporte públicos de qualidade, bem como ruas, estradas e rodovias bem asfaltadas e seguras.

Muitos municípios oferecem serviços por meio dos quais é possível consultar informações sobre transporte, como o horário e o itinerário das linhas de ônibus.

Também é possível conferir a situação das principais vias, seja pelo *site* de companhias de tráfego, seja por aplicativos colaborativos.

1 Com a ajuda de seus pais ou responsáveis, confira se a Secretaria de Transportes de seu município oferece via internet algum serviço de atendimento ao usuário.

Se sim, pesquise o itinerário e os horários de uma linha de ônibus que passa próximo à sua moradia. Anote no caderno um dos horários e as principais ruas do itinerário.

Se não houver atendimento pela internet, ligue para a prefeitura de seu município e peça essas informações.

Página do *site* da SPTrans, de São Paulo, que disponibiliza itinerário e horário dos ônibus que circulam na cidade.

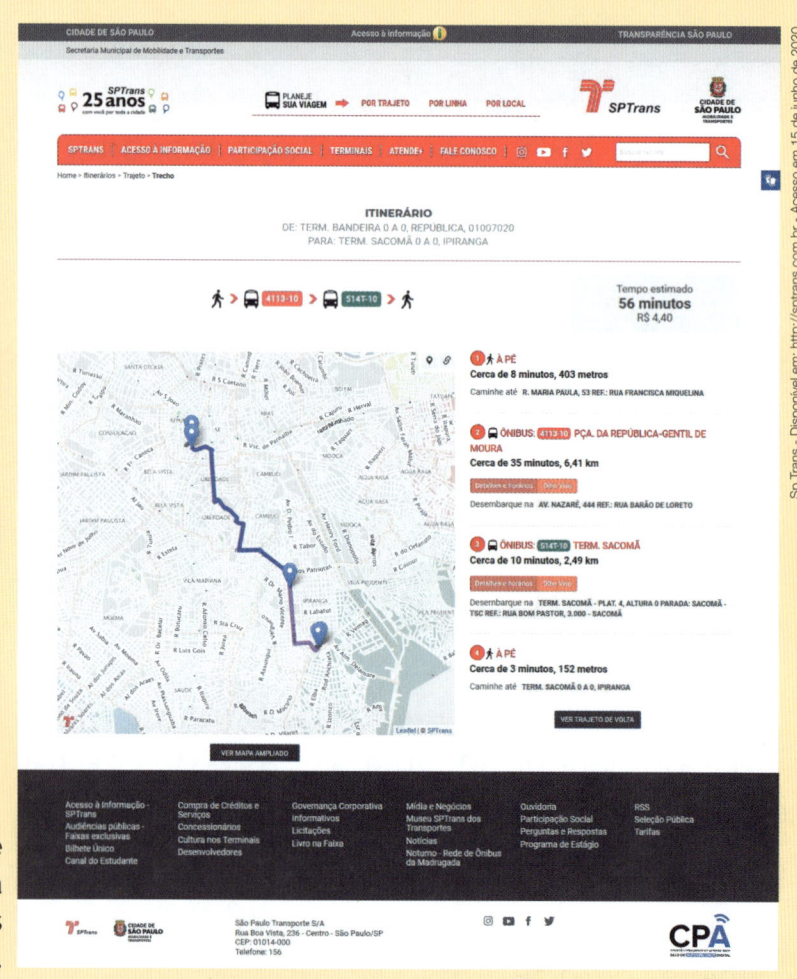

BRINQUE MAIS

1 Observe o mapa e as fotografias abaixo e faça o que se pede.

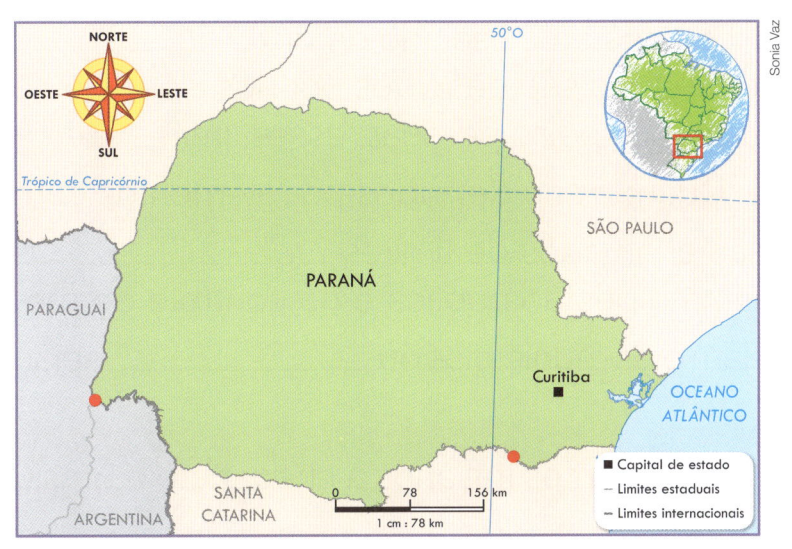

Fonte: IBGE. *Atlas geográfico escolar*. 8. ed. Rio de Janeiro: IBGE, 2018. p. 175.

a) No mapa há dois pontos vermelhos que indicam os limites retratados nas fotografias. Ligue cada fotografia à sua localização no mapa.

b) Anote abaixo das fotografias se o limite retratado é natural ou artificial.

BRINQUE MAIS

c) Complete as lacunas com as palavras do quadro abaixo.

> município – artificiais – estados
> países – naturais – territórios – limites

Os _____ são marcos legais que determinam a área dos territórios. É o que nos diz que estamos saindo de um _____ e entrando em outro, por exemplo. Quando são definidos por rios, serras ou outros elementos que não foram construídos pelas pessoas, esses limites são chamados de limites _____. Quando são definidos por elementos como estradas ou linhas imaginárias são chamados de limites _____. Os limites, naturais ou artificiais, auxiliam na gestão pública e no controle do movimento entre os _____, sejam eles municípios ou _____, sejam _____.

2 Ajude o casal de imigrantes italianos a chegar até o Brasil.

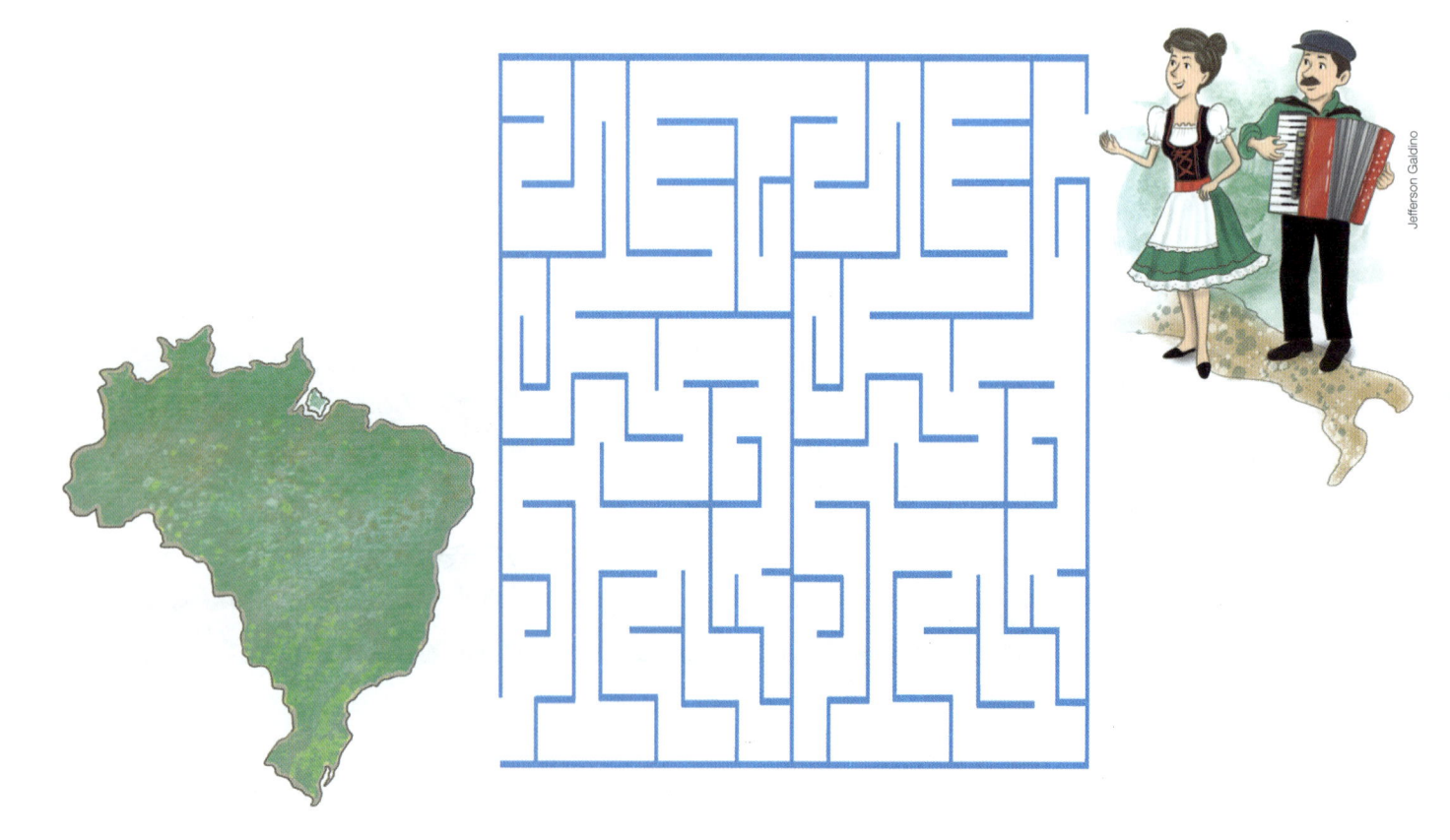